アル語録

宇宙存在からのメッセージ

原野　優

ナチュラルスピリット

アル語録

まえがき

全宇宙のバランスをとる存在——アル達。

私が〝アル達〟と呼んでいる存在の詳しい説明は本文に譲るとして、アル達はこの本の主人公であり、この本はアル達と私の共著といえます。

なぜ共著なのかと言えば、もともとはmixiやAmebaブログ、Facebookに、アル達が響き示したものを私が言語変換して投稿を行い、今回の出版にあたっては、アル達からの文章の仕分け指示を受けて、私がその作業をしたからです。

そもそも私は、アル達の伝えてきたことを本という形で発表するなど全然考えていなかったので、かつてネット上に載せたものの中には、保存せず消えてしまったものも数多くあります。いやぁ〜、今思えばもったいない（笑）。

また、今回の出版にあたって間引かれたものも含めたら、本当にたくさん受け取り、また発信したんだよな〜なんて、あらためて感慨深く思っています。

もうひとつ、世界に知られる写真家・安藤誠さんから写真をご提供いただき、『アル語録』に華を添えることができたのも感慨深く、大変ありがたいことと思っています。釧路湿原の案内人でもある安藤さんの、写真に込められた〝想い〟に触れていただければ幸いです。

本書は、読者のみなさまが少しでも読みやすいようにと、各章をテーマごとに分けていますが、本を手に取ったら気になるところからページを開いて、是非文章に触れてみてください。アル語録の文章一つ一つは、その時その時に必要なエネルギーを響きとしてあらわしたものですので、読まなくてもアル達のエネルギーとして受け取り、触れていただけます。

この本は私が運営しているＨＰ「アル達からの伝言」に掲載している「アル語録」の現時点の集大成ですから、きっと手にとったみなさまのメッセージとなり、何かミラクルが起こることでしょう（笑）。

なにはともあれ、楽しくメッセージを受け取り、お読みいただけたら嬉しいです。

アル語録 〜宇宙存在からのメッセージ〜　目次

第10章
ノンデュアリティ（非二元）

Landscape of KUSHIRO 1.

Fox Dream ～神様ギツネ

©安藤 誠　http://hickorywind.jp/

安藤誠さんが「神様ギツネ」と呼んでいるキツネの眼をよく見てください。

霊験あらたかな、何か懐かしい感じがしませんか？

スピリチュアル的感性の強い方は、このキツネの写真にとても心惹かれるみたいです。

あるテレビ番組で、百年ほど前の日本人と現代人の顔を比べると、随分変わってきたと言っていました。それと同じように、こんな眼をしているキツネも現在は少なくなっているそうです。

安藤さんがネイチャーガイドをしている時、神様ギツネがあらわれて水先案内をしてくれたという話を聞きました。そんな素敵な「Fox Dream～神様ギツネ」に、アル語録の水先案内をしてもらいましょう！

序章

〝アル達〟という宇宙存在

アル達とは？

私が〝アル達〟と呼ぶ存在がいます。それはどんな存在で、どんな働きと役目をしているのかを簡単にいいあらわすと、

全宇宙のバランスをとる存在

といえます。

（※ここでいう全宇宙とは、私達が認識している物質宇宙とは違う、霊的宇宙・神的宇宙等の枠組みを超えたところにある、さまざまな世界のこと）

アル達と私のファーストコンタクトがあったのは、「ノストラダムスの大予言」が注目された１９９９年の翌年、次の千年紀を迎えようという２０００年に入ったばかりの頃でした。こ

の頃から、アル達の情報（エネルギー）が徐々に響いてきたのです。

私は現在、セミナーやお話会、質問会という場で、言葉でアル達の情報を伝えていますが、アル達の情報は言葉や言語ではなく、非言語ともいえるものです。

アル達の情報＝エネルギーは、雷鳴のような音と共に自分一人しか入れない個室に入れられたような感覚の中、和太鼓が激しく打ち鳴らされると頭の正中線を熱いものが貫いて、雷が落ちるが如く、ドーンと身体に響くような体感覚でやってきます。

当初は、アル達の情報の響きに慣れていなかったせいか、あるいは私のキャパシティがなかったからか、それに圧倒され、何度も失神したり意識がなくなったりしました。

情報の響きは映像になったり、リズムをもった音楽であったり、香りであったり、味覚のようであったり、触覚的な体感覚であったりと、言葉や言語ではありませんでした。

このように、アル達からの情報は言葉や言語ではなかったため、3年近くは彼らが何を言いたいのか、ほとんど理解できませんでした。

それでも2003年頃には、アル達が響かせてきた情報の意味を、徐々に理解できるようになってきました。なぜ理解できるようになってきたのかは後に譲るとして、2000年から徐々に響いてきた情報は、最初は半年に1回くらいだったものが、3ヶ月に1回になり、1ヶ月に1回、2週間に1回、1週間に1回と、だんだんその間隔が縮まってきて、現在は毎分毎秒、情報が響いています。

〝アル〟という名称は、私がつけた名前です。彼らには名前がないようでしたから、何か呼名があった方がいいと思い、ある時、彼らに尋ねてみました。

アル達は「我らには名前はない。我らはバランスをとるために存在していて、それ以上でもそれ以下でもない。我らは存在する」と伝えてきました。それなら私が決めようと思い、「存在する」「存る（ある）」「在る（ある）」……、そうだ「アル」にしよう！と思い、名付けました。

彼らはそれに不服もなさそうだったので、それ以降は「アル」と呼ぶようになりました。ただ、彼らの存在は複数だと感じているので、総称して「アル達」と親しみを込めて呼ぶようになり、今日まで彼らと関わってきました。

アル語録とは

「アル語録」とは、アル達からの日々の情報の響きと、対話の内容が凝縮されたエッセンスとも言えるものを、「この瞬間」というタイミングで、現在 Facebook 上に投稿しているものです。

投稿をお読みくださった方々からは、さまざまなご感想をいただきますが、どの方も、今この瞬間のタイミングのメッセージとして感じてくださるようです。

２０１２年くらいに来たものは、私の文章で記しているものが多かったのですが、２０１３年を過ぎた頃から現在までは、アル達から示されるままに記しているため、投稿の結びに『アル語録』としてあらわしています。ですから私の Facebook は、アル達に半分貸しているような感じです（笑）。

アル達は何を伝えているのか？

アル達が私に情報を響かせてきてから3年くらいは、何を伝えてきているのかほとんどわからなかったという話は、先ほど触れました。

それでも、私の中でいつまでも鳴り響いていたフレーズが、二つだけありました。

その響きの一つ目が、

「地球が危ない……地球が危ない……地球が危ない……」

でした。

このフレーズが木霊《こだま》のように繰り返され、音が共振するような音色で、いつまでも鳴り響いていたのです。

もう一つは

「源元始界の創生から今日までの人類史と近未来・未来における人類と地球の歩み」


といえる映像の数々でした。

この当時の私は、まだアル達からの情報が何を意味するのか理解できなかったので、彼らがなぜ情報を送ってくるのかわからず、見せられる地球の未来の姿に、絶望を感じていました。

それが3年経ち、ようやくタイミングが来たのか、あるいは私の中に蓄積されたアル達の情報により私のキャパシティが広がってきたのか、非言語だった情報が、次第に言語化できるようになったのです。

言語的理解ができたこともあり、私の中で少しずつアル達の情報が体系化できるようになってきました。

今でもそうですが、私がアル達の情報のすべてを理解できているわけではありません。ですから、セミナーの席で私が発表しているものも、アル達の情報のほんの一部でしかありません。

アル達が語っていること

ここから、この本の本題である、アル達が語っている内容に触れていきましょう。

ただ、すべての情報を開示するのは難しいので、情報の根幹になるものの一部を抜粋し、平易に紹介していこうと思います。

1. サムシンググレート（親神）の存在とその〝想い〟（時間・空間はそのあらわれ）。
2. サムシンググレートの〝想い〟を物質・実現化していく経綸《けいりん》（計画・プログラム）。
3. 経綸を進行させ、実現させていくために必要な仕組みがつくられる。
4. 経綸にある三つの仕組み

(1)離合集散の動き

離れては合わさり、集まっては散っていくように振幅し、組み換わりながら高まっていく根源的エネルギー。

(2)法則（ノリ）

仕組みを成り立たせ、離合集散でもある根源的エネルギーを象、型、形につくったものを、精妙精微なまでのバランスで動かしていくための原理原則が生まれる。

(3)構成・構造

見えない世界（神的・神霊的・霊的世界）と見える世界（物質世界）は、いくつもの役目や立場・段階が違う層に分かれた世界の構成によって成り立っている。見えない世界と見える世界、陰陽、時空、善悪、生死、男女、親子のように、二重構造をとりながら連動している。また、連動している二重構造のものが融合して、新しい段階の世界を生み出していく。

（※アル達の話によると、現在世の中で起きているさまざまな異常事象の多くは、あの世と言われる霊的世界と、この世と言われる物質世界が融合・統合を始めて、新しい段階の高度な物質世界に向かう動きのあらわれのようです）

5．サムシンググレートの目的は究・極物質の人類と地球（土）を誕生させることであり、経綸は目的を達成させるプログラムである。

これらのことを踏まえ、本文内容のメインになる「アル語録」は10章に分けることにしました。

タイトルそれぞれの意味についてはは章扉に記してあるのでこのあとお読みいただくとして、なぜこのような章タイトルになったのかをお話します。

各章のタイトルは、アル達から見た私達人類、物質次元世界やさまざまな次元世界にとって、今の時代、そしてこれから迎える未来のために必要となるテーマです。

私から見ると、このどれもが、アル達が日頃響かせてくる重要なキーワードだと感じます。そういった言葉を、アル達は各章それぞれに振り分けました。

章のテーマやキーワードから、アル達が私達にどんな〝想い〟を伝えようとしていたかを、主だった三つの章を挙げて説明していきましょう。

一つ目は第1章の経綸。

これはアル達の情報の軸であり、醍醐味でもあります。

世の中を自分たちの都合の良いように治めてきた者たちは、経綸の流れを読んで計画し、行動をしてきました。私達が気づきさえすれば、今がもっと在り方の違う立ち位置になり、私達がより良い未来を自らの手でつくりあげられる時のようです。

アル達は、特別ではない一般のただなる私たちが経綸を識《し》って流れを読み、日常生活に取り込みながら、今こそその人らしい役目に沿った人生を歩んでほしいと願っています。

二つ目は第8章のヤマトの精神。

もしかしたら、アル達は経綸と比べると、ヤマトの精神についての内容の響きのほうが、力を込めていたように今は感じています。

日本はこれから先の世界を束ねながらリーダーシップをとり、世界を新たな形で繋いでいく役目があります。だからこそこの日本、ヤマトは、高き精神をもち育む土地であり、高き精神をもち合わせた魂が集まっているからこそ、ヤマト人と呼ばれるのです。

そんなヤマトの精神と魂をもった人達が、自覚して立ち上がるのが今の時代ですから、アル達は多くの人達が立ち上がることを願い、このテーマとキーワードを入れ込みました。

三つ目は第10章のノンデュアリティ。ノンデュアリティとは、非二元のことです。

ここではわかりやすくするためにノンデュアリティと表現していますが、存在を認識すると〝有る〟を感じ、存在を認識しないと〝無い〟という、多くの人たちは矛盾したことを感じるものですが、それに気づくと存在はシンプルだと感じるでしょう。

すべてがシンプルにあれることが今を生きる鍵であり、アル達は矛盾に感じるなんでもありのノンデュアリティを、経綸とは違う角度で私たちに示してきて、楽に生きられることを伝えようとしています。

読み進めていただくとわかりますが、「アル語録」のメッセージは、いくつかが同じような内容に思えたり、メッセージ内容が章に沿わないように感じたりするかもしれません。かく言う私も、アル達の指示で振り分けたあとに一度読み返してみたところ、「あれ？」と思いました（笑）。

しかし、何度か読み返してみると、繰り返すように重要なこととして伝えてきた内容だったり、同じような内容に見えてもまったく違う内容の情報の一部分であったり、一見その章に沿い合わないように見える内容も、その章を認識し理解をするためのパーツとしてのメッセージでした。

アル達からのメッセージは、文章に込められたエネルギーもさることながら、内容そのものにも私達に伝えたい〝想い〟があると感じたことから、10章に分けてタイトルを付け、各章に「アル語録」のメッセージを振り分けています。

現在、私は北海道内各地でセミナーを行っていますが、本書で紹介している内容の背景について、より詳細にお伝えしています。

また、本書では触れていませんが、アル達の情報には、日常生活に役立つ情報がたくさんあります。それらはYouTubeで公開していますので、ご興味のある方はご覧になってください。

アル達の情報は多岐にわたり、また、さまざまなジャンルに繋がるので、多くの方々に彼達の情報が伝われば幸いです。

アル達と交信するに至った経緯とその後の流れ

私こと原野優は、千葉県香取郡生まれ（現香取市）。武道の神様、経津主大神《ふつぬしのおおかみ》が祀られている、全国的にも有名な香取神宮があるところです。

余談ですが、武道の神様は香取神宮のほかに鹿島神宮があります。鹿島神宮は茨城県鹿島市にあり、Jリーグの鹿島アントラーズが拠点にしているところでもあります。

あとでわかってきたことですが、千葉県にはいろいろ秘められているものがあって、私がなぜ千葉県を選んで生まれてきたかも考えさせられます。

私は幼少期から、見えない世界、そしてその住人達が視《み》え、その存在を体感していましたが、両親や親戚には、そのような感覚をもっている人は誰もいませんでした。

ただ、さまざまな方々の相談に応じるようになってわかってきたのは、世の中には感覚的に鋭い家系もあって、その遺伝子を受け継いでいる者もいるということでした。

スピリチュアルに関心のある方々からは、この感覚が時折うらやましがられます。多くのみなさんは、自分がわかりたいことだけを知る能力として都合良く考える傾向がありますが、決してそんなことはありません。

私の個人的な考えとしては、この能力は、脳が通常処理すること以外の神経が働いているのではないかと思います。もう少し違う表現をするなら、なんらかの脳の障害やトラブルと紙一重といえるかもしれません。

話が脱線しましたが、幼少期より続いていたこの感覚は、私が19歳になった頃には見えない世界だけではなく、相手の考えていることや過去・現在・未来を見通せるような、とにかくわからないことがない、といった感覚になりました。

また、今だから認識できるのですが、私はマイナスな方向へ引っ張る霊的存在が引き起こす霊障にもさいなまれ、体調を崩し、精神的に不安定になり、人格崩壊寸前にまで追い込まれました。

このままでは生きていけないという思いから、自分が見えている世界がいったいなんなのかを知りたいと、見えない世界の追究を始めました。

追究するにしても、当時は今のようなスピリチュアルブームでもなければ、インターネットも普及していない頃でしたから、調べられる範囲も限られていました。

書店や図書館にまずは行き、哲学、思想、宗教、医学、科学書の気になるものを読みましたが、自分の求める答えになるものはありませんでした。

そのなかでも、宗教書にいくつかのヒントになり得るものがあったので、直接宗教団体に行こうと思い、その何ケ所かを渡り歩きました。

何度か渡り歩くうち、私は某教団にたどり着きました。その教団は、私が見えていた世界に近い話をしていたので、ここなら何らかの答えが見つかると思い、入信したのです。

その教団には十数年在籍し、お金も時間もたくさん使って、本当にさまざまな活動をしてきました。当時はその教団が世の中を変え、自分達が世の中を変えられるとも信じて、身を粉にしてやってきました。しかし、教団の成功は教祖や組織のおかげ、教団の失敗はすべて信者のせいとなり、矛盾がたくさん出てきました。そこを指摘すると、徹底的に恐怖を刷り込まれ、戦時中であれば〝非国民〟というような扱いを受け、叩かれることもありました。

結果、組織のあり方に嫌気がさし、母親の死をきっかけに教団を離れました。とはいえ、バリバリの信者だった私は、教団から離れてもまだ心は囚われていたため、いろいろな葛藤が生まれ、精神的な不安定さと苦しみが出てきました。答えを見つけるどころか、信じていたものを見失い、本質的な答えからは程遠くなっていきました。それはまさに、今で言うところの洗脳、マインドコントロールと呼べる状況になっていたのだと思います。

ただ、ここで経験・体験してきたことは、誰かの相談に乗るときにも役立ち、アル達の情報を体系化する論理的解釈も、自然と行えるようになっていました。

当時は無駄な時間を過ごしてしまったとずいぶん悔みましたが、さまざまな体験をしてきた今は、人生には何一つ意味のないこと、無駄なことはないのだと実感しています。

教団をやめてから、しばらくは葛藤がありながらも、教団で学んだ教義に対する考え方、捉え方や、教団組織内であったさまざまな出来事に対する気持ちの整理が、少しずつつくようになりました。そんな頃、アル達との突然の接触が始まったのです。

しかし、彼達が送ってくる響きに言語的理解ができるようになり始めた2003年頃からは、アル達は私が必死で組み上げて整理してきたものを、情報の響きとともに壊し始めました。

私の中にあった、神の概念を始めとしたさまざまな概念は、これでもかこれでもかと壊され、新たに築いたものは、ことごとく壊され続けました。それから約3年半、私は泣き続けました。

当時は、精神的なバックボーンや人格が崩壊するのではないかと感じるほど、苦しい日々ではありましたが、この体験のおかげで、教団にいたことで凝り固まっていた思考や洗脳、マインドコントロール的な状態から抜け出し、意識がフラットになって、囚われない柔軟で自由な心と精神が目覚めてきました。

目覚めの思いと平行して、アル達の響きを受ければ受けるほど、この情報を多くの人達に伝えなくても良いのだろうか？　自分だけが知っていて良いのだろうか？　と思うようになりま

した
しかし、アル達は、情報を伝えてほしいということは言わず、ただただ響きを受けてくれればいいと言っていました。
そのうち、私の中にある覚悟ができてくると、私のことを知っている方々から、私がやっていることがクチコミで広がったり、出向いた先で話が出たりと、個人相談から宗教団体に関する相談といった特殊なものも含めて、不思議と周りが動き出してきました。また、そんなことから、現在やっている〝エネルギー画セッション会〟という会も催すに至りました。
ただ、相談を受ければ受けるほど、もっと見えない世界についてみなさんに知っていただいたほうがいいのではないか、という思いが強くなり、アル達が伝えてくる情報を伝えていこうと決心して、私が理解し始めた部分から伝えるようになりました。

やがて舞台を東京から札幌に移すと、そこでも多くの出会いがありました。そして多くのご支援をいただき、セミナーも開催してきました。その後、一時東京に戻ったものの、ご縁をいただいた釧路の地に入ることになるのです。釧路でもご支援とご協力をいただき、スピリチュアルセミナーを開催。セミナーは一年近く行い、全13回で終了とさせていただきました。
私としては、アル達との情報にも照らして、今後セミナー活動はやめる予定でいました。そんな年に、私にとって尊敬する方のお一人である、著書「瀬織津姫」シリーズで知られるヤンズさんこと山水治夫先生から、コラボトーク&ライブの打診がありました。ある意味、山水先生からコラボの打診がなければ、私の今日の活動はありません。

多くの見える世界のみなさまと、見えない世界のみなさまのご支援で、今日の私がいます。私が役目を終えるまで、さまざまな形でアル達の情報を伝えていこうと思います。

スピリット・トラベラー

最近、私は自己紹介をする時に〝Spirit Traveler～スピリット・トラベラー〟として活動をしているとお話ししています。2015年5月30日と6月6日にコラボさせていただいた安藤誠さんは、私にとって尊敬する方のお一人ですが、その安藤さんに命名していただいた肩書きです。

安藤さんは、北海道鶴居村にあるウィルダネスロッジ・ヒッコリーウィンドのオーナーであり、写真家、ネイチャーガイドをされています。私達のツアー企画もそうでしたが、どんな時もお客様に最高・最幸の時間と空間を提供くださるツアーを行っていらっしゃいます。この名前をいただいた時、安藤さんは、こう語ってくださいました。

「〝Spirit〟という言葉は〝魂〟や〝精神〟と訳しますが、実は覚悟をもって生きている人にしか使えない言葉です。だから、スピリチュアルという言葉に逃げてしまう人が多い。〝Traveler〟は〝旅人〟と訳されますが、さまざまな場所を転々としながら、場所と場所、人と人を繋ぎ、そして進化していく人を意味します。だから僕は、原野さんを〝Spirit Traveler〟と名付けました」

また、別な方が〝Spirit Traveler〟を日本語で言うなら〝不動明王〟であり、その働きと同じだというお話をされていました。

これからも〝Spirit Traveler〟の名に恥ない活動を展開をしていきたいと思っています。

Landscape of KUSHIRO 2.

Cape Kirakotan ～キラコタン岬

©安藤 誠　http://hickorywind.jp/

釧路湿原や釧路川の源流で、水が湧き出るところの一つであるキラコタン岬。許可を受けた安藤さんのようなガイドがいないと入れない、釧路の特別保護区域であり、釧路湿原の代表的な景観の一つでもあります。とても澄んで清らかな水に癒されます。

緑ばかりで海がない湿原なのに、なぜ岬？と思った方もいらっしゃると思いますが、今から五千年前は海だったことから、キラコタン岬と呼ばれているそうです。よく見ると、この写真にはタンチョウも写っています。

写真の情景をアイヌでは「サルルンカムイ～湿原の神」と敬意を込めて呼んでいるようです。「Cape Kirakotan ～キラコタン岬」の清らかな水の源流より出発して、湿原や川のように、アル語録の流れに乗りましょう！

第1章

経綸

経綸とは、サムシンググレート（世の中では親神・ス神等の呼び名でも表現される）の計画・プログラムを指します。この章では、すべての始まりであり、根本にもなるサムシンググレートの計画である経綸に触れてください。

経綸　ステージⅠ

すべてのものには厳然とした法則がある
人間は良い悪いと物事を見てジャッジしやすいが
法則から見たら良い悪いというものは存在しない
見える世界に法則があるように
見えない世界にも法則があるんだよ

♭アル語録♭…2014.02.07

宗教やスピリチュアルな教えでは怒《いか》りはいけないものとして伝えている
怒りは果たして本当にいけないものなのだろうか
怒りも神が産ましめた感情の一つである

♭アル語録♭…2014.02.25

このまま世の中が何も変わらずにいくと考える方が不自然ではないかな

今だけを考えたら変わるとは認識しにくいかもしれないが
歴史を振り返りみたら常に変わっている
現在大きく変わりゆく時代の節目にあなたがたは関わっているよ

♭アル語録♭・・・2014.03.14

菌やウィルスは多くの事柄に関係し立ち働いている
菌やウィルスはさらにさまざまな事象を引き起こしながら人間に示唆し
光の組み換えにいざなうよ

♭アル語録♭・・・2014.03.20

あなたがたには欠かすことができない
水と土
大事にするんだよ

♭アル語録♭・・・2014.04.20

はじめにすべてのものは神霊的・霊的には存在している
物質が高度になるにつれ少しずつ徐々に立ちあらわれてくる
今がその時なんだよ

♭アル語録♭・・・2014.0510

話せば話すだけこじれることがある
又聞きであればあるほどまったく違う解釈となってくる
相手の話をしっかり聞いていかないと
ますます言葉ではわかり合えない時代になってくるよ

♭アル語録♭…2014.06.24

忘れることができるからやり直すことができる
生まれ変わりのシステムで見た場合
なぜ前世の記憶を忘れて生まれて来るのだろうね
そう……過去世のやり直しを含めた新しい生き方をするために
過去世を忘れて
この世に誕生してくるんだよ

♭アル語録♭…2014.07.18

正しき道　誤りし道
善なる道　悪しき道
聖なる道　邪なる道
どの道もすべては神に通ずる道なり

♭アル語録♭…2014.08.11

段取り七分に仕事は三分
プログラムといわれる神の経綸も
実行より段取りとも呼んでいい計画が
最もエネルギーが費やされたといえるよ

♭アル語録♭…2014.08.20

人間の世の中では血はタブー視されてきたね
実は血は神々の中でも秘め事である
それ故に血の本当の親神の神意をわかっている神々は少ない
肉体を流れる血……
リレーする血……
人間に対しても神々に対しても
これから少しずつ神秘め事が明らかにされる

♭アル語録♭…2014.08.26

血は親神の秘め事と伝えたね
血の新たな秘め事のあらわれに
血の復活がある

失われつつあった血が新しい型《かたち》で復活し始めてくる
血の新しいステージの幕開けの時ぞ

♭アル語録♭・・・2014.08.26

人間が今日まで動物達にしてきたことを振り返るならば
動物達に対して大変な仕打ちを人間はしてきた
もし仕打ちをされ死していった動物達が人間を真に恨んでいたら
人類はとうの昔に滅ぼされていたかもしれない
そんな動物達の想いを汲みながらあるシステムが存在して
人類と動物達の今のバランスをとっているんだよ

♭アル語録♭・・・2014.09.02

永き霊魂の旅で解き結びしを繰り返したる縁よ
現物質世界輪廻最終章成る今
あなたはいかに今世の縁を生き存《あ》るか

♭アル語録♭・・・2014.09.08

人間は物質として存在しているものにすら
まだまだわかっていないことがたくさんあるね

ましてや物質でないものはもっとわかっていないといえる
物質としてわかっていなくてもその存在は認めているよね
物質でないもの——見えない・わからないからといって
存在しないとは誰も言い切れない
見える世界は見えない世界とダブり合っている
いや……今は融合して一つになり始めている

♭アル語録♭…2014.09.25

経綸　ステージⅡ

物質のみならず霊的にも
解毒・排毒が必須の時代
入れるよりいかに出していくかが要《かなめ》だよ

♭アル語録♭…2014.10.16

激しくうねりながら螺旋を描いて
左廻りに立ち昇りゆく神の経綸（プログラム）よ
今今ほどきゆく経綸の流れに乗って行かれよ

♭アル語録♭…2014.10.18

自分の想いを好き勝手に話したり文字に起こしたりと
表現できるのは幸せなことだよね
言論の自由とも言うのかね
それが許されない時代がかつてあった

時の権力者が都合が悪いと言っていたね
あなたが伝える経綸もかつての時代はそうだった
経綸を伝える先人達は日に陰に弾圧されてきた
そんな時代に比べてあなたは幸せだ
けれど我らはかつての時代のようなものをあなたがたの住む今に観ずる

♭アル語録♭・・・2014.10.21

肉体に肉体細胞があるように
霊的な身体にも霊的細胞がある
細胞はこれからのシフトの変化では要になるものだよ

♭アル語録♭・・・2014.11.14

それぞれの立場でさまざま歩む道あれど
すべては大道に通ずる
大道は神の経綸なれど
経綸は今今大曲りにある世《よ》

♭アル語録♭・・・2014.11.17

今の時代は棚からぼた餅はないよ
掴みとりたいと想う人達だけが
手にすることができる時なんだよ

♭アル語録♭・・・2014.11.26

すべてのものを見渡すと
まるでプログラムされているように感じはしないかね
そう……プログラムとしてセットされているからこそ
すべてはシステマチックになっているんだよ

♭アル語録♭・・・2014.12.07

形を成す型があって
型を成す創造のエネルギーともいえる情報がある
それら創造の織り成す情報の組み合わせがあって振動があって
神霊的・霊的・物質現実的と成り立っているよ

♭アル語録♭・・・2014.12.15

荒ぶる天地の動きに
人はいかようにあるべきかを

地球が語っているみたいだね
まるで神の如くに……

♭アル語録♭…2014.12.17

神来鈴《ジングルベル》
神来鈴《ジングルベル》
神来鈴《ジングルベル》
大雷鈴鳴り成り響き広がる世《よ》

♭アル語録♭…2014.12.24

２０１５年
新しい法則始動の時
新しい夜明けが始まりあらわれ来る

♭アル語録♭…2015.01.01

すべては連綿とつながり流れている
つながり流れているものを識《し》られよ

心は真なり

♭アル語録♭…2015.01.04

真は芯なり
芯は神なり

♭アル語録♭・・・2015.01.21

オモテがウラになり
ウラがオモテになる
ソトがウチとなって
ウチがソトになる
インペイされたモノがバクロされ
バクロされたモノがインペイされる
すべてがひっくり返り始めている

♭アル語録♭・・・2015.02.03

宇宙が膨張しているという説を聞いたことがあるよね
宇宙膨張説は見えない世界が見える世界へと物質化しているあらわれといえるよ

♭アル語録♭・・・2015.03.21

言語コミュニケーションですべてを理解し合うことはできない

時に言語コミュニケーションで誤解を生むこともある
言語の奥にあるコミュニケーション
非言語コミュニケーション
非言語が語るものを魂で汲む時代でもあるよ

♭アル語録♭…2015.03.27

前回転・後回転
上回転・下回転
左回転・右回転
物質世六回転あるよ
回転が**転換**の動きに移行していることに気づかれ世

♭アル語録♭…2015.04.05

運氣を風に喩えるなら
追い風・向い風といえる
どう風に乗って行くのかを考えたとしたなら
風の流れを読むことが必要だよね

運氣に乗るのは風の流れを読むのに似ている
今の時代だからこそ全身全霊をもって風の流れを読むんだよ
♭アル語録♭…2015.05.18

湯呑みという器にお茶がなみなみ入っている
お茶を飲み干さずそのままでいて
もし新しいお茶を注ぎ足されたら
湯呑みという器からお茶が溢れ出す
あなたがたを器に喩えたなら
時代は新しいエネルギーをあなたがたという器に注ごうとしている
だからこそ器の中の古きものを浄化し清算する必要があるんだよ
♭アル語録♭…2015.05.22

経綸　ステージⅢ

あなたがたの物質世界に納期があるように
神霊的・霊的にも期限はあり
無限に見えるものも
実は有限であって
有限は親神のイノノチともいえるよ

「あ」の一語の中には
たくさんの働きが秘められている
もちろん「あ」だけではなく
四十八音の一つ一つには
たくさんの働きが秘められている
秘められた働きが時代と共に

♭アル語録♭・・・2015.06.20

立ちあらわれてくる

♭アル語録♭・・・2015.06.29

原因と結果と縁
この三つの関係性が
今までのあなたがたの人生を形成している
この三つの関係性が連動して
魂が今世の設定をしている
時代は次なる段階を迎えようとしている
そう……
原因と結果と縁では測れない流れが起きようとしている

♭アル語録♭・・・2015.07.18

法則があるということは
法則を司る仕組みがあるということ
仕組みを認識して理解することができたなら
法則のままにまに生きられるよ

♭アル語録♭・・・2015.08.18

今起きていることの意味がわからず
のちのちになって意味がわかった時
起きたことの理解の認識ができなかったことに深く後悔する
そんな繰り返しを人類はたくさんしてきているね
同じ繰り返しをしないためにも
だからこそ流れを識るんだよ

♭アル語録♭…2015.08.24

今現在も繋ぎある血液よ
今はもう失われし血液よ
有る血と無き血が
物質的世界と霊的世界が融合せし時
相合わされて新しいステージの
血の復活が始まる

♭アル語録♭…2015.09.23

昔より時間が早くなっている感覚をもつ人達も増えているのではないかな
それだけ宇宙も見えない世界も激しく変化してきている

あなたがた人類は現段階の物質としてはピークにいる
されど親神の想う超物質とも究極の物質ともいえる物質で見た場合
あなたがたはまだまだ途上の物質の段階なんだよ

♭アル語録♭・・・2015.09.26

すべてには流れがある
流れに乗る乗れないで
進みや歩みが変わる
執着が強いと流れに乗れず
自らの歩みに反してしまうよ

♭アル語録♭・・・2015.10.15

あなたがたを情報の振動として見た時
肉体という物質的密度振動
エネルギー体という霊的密度振動
魂という神霊的密度振動

♭アル語録♭・・・2015.10.30

三つの振動が合わさったものを持ち合わせ
この地球に存在している

♭アル語録♭・・・2015.11.06

マクロの宇宙・ミクロの宇宙
宇宙を一つの動きと見るならば
すべては同じ素材と仕組みが
連動して存在するよ

♭アル語録♭・・・2015.12.24

光は
情報であり
振動・振幅であり
波であり
存在である

♭アル語録♭・・・2016.01.13

第2章

根源意識

すべてはサムシンググレートの意識から派生し、目に見える存在と見えない存在の意識で織り成されています。すべての意識がサムシンググレートの意識ならば、根源なる意識を私達が自覚した時、分離していた意識が統一されるのです。

根源意識　ステージI

自然界を破壊し削っていけばいくほど
人間自身が自然界から受ける恩恵を削っていることになるんだよ

♭アル語録♭…2014.02.01

海と子宮は繋がっていると伝えたことがあったね
海の乱れは子宮の乱れ
子宮の乱れは海の乱れ
呼応し合うことを忘れてはならない

♭アル語録♭…2014.03.12

あなたがたが言うタイミングは受け身的なものがほとんどといえる
タイミングは自らで導きつくりだすこともできる
自分から流れを起こしていくんだよ

♭アル語録♭…2014.03.30

微生物や菌やウィルスは直接肉眼で見ることはできない
見ることはできないがとても人間に関わり影響をしている
それと同じように見えない世界は人間に深く関わり存在している

♭アル語録♭…2014.04.01

良いと言われるものを合わせても
それらを上回るとても良いものになることはない
すべてはバランスが肝要といえるよ

♭アル語録♭…2014.05.22

小さな積み重ねが大きな出来事を生み出している
小さな変化に注意をして見ていくと良いよ

♭アル語録♭…2014.05.28

言葉より先に言霊が発される
思った瞬間に言霊が動く
言霊に人はもう少し意識する必要があるよ
アバキの世だからこそ……

♭アル語録♭…2014.06.16

すべての出来事には意味があって
無駄なことは何一つないよ

♭アル語録♭・・・2014.07.05

ハルハルとこの世に誕生し
シュクシュクとあの世に誕生する
生死は新しい世界の誕生であり
誕生は出会いと別れを教えてくれる

♭アル語録♭・・・2014.07.12

さまざまなものを道理として見ていくと
そこには何らかの法則があるのに気づくだろう
法則を無視して生きることは生きづらくなるかもね

♭アル語録♭・・・2014.08.08

真中《まなか》・中心軸の意志ある世界から
光＝情報が産まれ発《はっ》りて
光地玉貫く
貫きた光が地玉より万方に向かって

宇宙へと情報が響き渡る
響き渡った情報は真中・真軸《まじく》の世界へと届き
光渦巻きて調和成る鳴る流れ動くぞ

♭アル語録♭・・・2014.08.23

目に見えないから信じない・理解し難いと
多くの人達は敬遠して他人事になりやすいね
しかしどんな人間も
そんな目に見えない世界のものに支えられ生きているんだよ

♭アル語録♭・・・2014.09.07

「一片の塵から宇宙を見る」
こんな言葉があるように
小さな出来事の中にある大きな出来事に通じていることを
忘れてはならない

♭アル語録♭・・・2014.09.14

目には見えないが

音や香りそして心は物質世界で認識できる
ある意味物質サイドのものといえる
物質サイドのものだから人間誰しも認識してわかることができる
しかしさらに見えない世界は奥があり
奥にある見えない霊的世界は誰しもが認識はできない
これからどんどん時間の流れ進みと共に
今は認識できない見えない霊的世界も徐々に発見されてくるよ

♭アル語録♭・・・2014.09.18

阿寒湖に鎮まりしマリモよ
アイヌの流れ受け継ぎし民達よ
我らこの地に想い（光＝情報）降り注がん

♭アル語録♭・・・2014.09.21

根源意識　ステージⅡ

あなたがたは**性**についてタブー視しているところがあるね
現在**性**についてかなり歪められていて
多くの人達は歪められた立ち位置で**性**について見ている
性についての本質・本当のところがわからないと
生みの親である親神の真の想いと生命の凄さをわかり得ることはできない

♭アル語録♭…2014.10.06

力ずくで押さえ込めば
それ以上の力で相手は対抗してくる
心の動きも一緒で
押しつけたら相手は受け入れず反発してくる
推し量る加減が時に必要かもしれないね

♭アル語録♭…2014.10.08

点の世界しか知らなければ
線の世界は認識できない
線の世界しか知らなければ
平面の世界は認識できない
平面の世界しか知らなければ
立体の世界は認識できない
どこの世界にいてどんな意識をもっているかで
認識も変わり視点や在り方が変わってくる

♭アル語録♭…2014.10.28

何かを進めていくにあたり
一般的なセオリーとしての**定石**があるよね
定石はいわゆる**型**とも言える
型である定石をいかに自分のものにできるかで
より自分らしいオリジナルの在り方が生まれてくるよ

♭アル語録♭…2014.11.06

地球の大気には

目には見えないが
宇宙からの神霊的・霊的波とも言える情報＝エネルギーが充満している
いかに宇宙の情報＝エネルギーをキャッチできるかが
今後の人類の歩みに関係してくるよ

♭アル語録♭…2014.11.17

脳と腹は深い繋がりがあるんだよ
脳を見ていけば腹がわかり
腹を見ていけば脳がわかる
脳の問題を解決する答えは腹にあり
腹の問題を解決する答えは脳にある
脳と腹をつないでいる元は**呼吸**だよ

♭アル語録♭…2014.11.19

お互いの違いを識り
違う持ち味を認め合うことができたなら
お互いの良さを高め合い結びつき
新しいモノを生み出していける

それが高まっている時代であり
時代はそれを望んでいる

♭アル語録♭・・・2014.11.30

物事には必ず道理がある
道理に沿えば物事が上手く流れに乗れるように
道理に沿えなければ上手く流れに乗れない
流れに乗るためにも道理を識る必要があるよ

♭アル語録♭・・・2014.12.07

神が人間や動物や植物や地球や宇宙を創造したと言われている
それは一方的な見方である
生まれてくる強い意志が宇宙・地球・植物・動物それぞれの創造から
あなたがた人間が誕生している

♭アル語録♭・・・2015.01.03

あなたがたは不思議に思わないかな
男性は子供を産めず
女性だけが身ごもり産めるのを……

♭アル語録♭・・・2015.02.10

子供は親を選んで生まれてくる
安心して宿れる母となる女性を選び
父となる男性を選んで
この世に誕生してくる

♭アル語録♭・・・2015.02.15

前後・左右・上下
いわゆる六面体があるね
六面体があることで人は空間の存在を認識する
六面体があるというのは凄いことなんだよ

♭アル語録♭・・・2015.03.22

世の中が混沌としてきたとしても
己までが混沌となることはないよ
ある意味世の中が混沌となるのは
清濁併せもつほどの人達であってほしいという
サムシンググレートの願いともいえる

♭アル語録♭・・・2015.03.26

間はとても大切な働きがある
間があることによってさまざまなものが成り立っている
時に**間**は**真**となり**魔**となるよ

♭アル語録♭…2015.04.01

奥義ほどシンプルなもの
しかし人間はシンプルだと高《たか》をくくるか疑念をもつ
シンプルすぎるともっともっとと複雑さを求めていく
シンプルになればなるほど奥義を得ているんだよ

♭アル語録♭…2015.04.15

人間の行動は道徳や倫理観で測れないことがある
また理性や規律では律し切れないことがある
なぜなら脳の器質的な捉え方の理解も必要といえる
さらに霊的な捉え方をすると
腹・**肚**を抜きに語れないことがあると伝えておくよ

♭アル語録♭…2015.05.13

根源意識　ステージⅢ

神社・仏閣・寺院に神々やお役目の存在達が今はいなく
邪なものが入り込んでいると聴いたことがあるよね
確かにそういうところも多数あるだろう
しかしすべては親神である太神より発するものであり
真に誠をもって参拝・参詣すれば
太神に通ずるんだよ

♭アル語録♭…2015.06.06

真理と本質と現実
あなたがたのいる世界は
三つが連動して存在する

♭アル語録♭…2015.06.19

時と時間

あなたがたは同じものとしか感じないかもしれない
間が入ることで**動き**がさまざまに起きてくる
これからあなたがたは時と時間の違いを感じることだろう

♭アル語録♭・・・2015．07.07

仮に同じ素材であったとしても
情報データといえるものの
構成や組み合わせが違えば
同じものとしては存在しない

♭アル語録♭・・・2015．07.15

時と時を繋ぐ**間**が存在するからこそ
時と時が連綿と流れ続いていく
すべての存在の成り立ちから見ても
間はなくてはならない働きと
鍵を握っている

♭アル語録♭・・・2015．07.28

あなたがたの肉眼だけで見たものがすべてではないよね
あなたがたの体で感じたものだけがすべてではないよね
あなたがたがまだまだ認識できていない世界があるよ

♭アル語録♭…2015.08.16

我らが伝える統《す》べなる世界も
あなたがたが認識するすべての世界も
まるでマトリョーシカみたいな仕組みに似ている
あなたがたはマトリョーシカの内から外を見ようとしながら
いろいろ考え創造している
我らはマトリョーシカの外に位置しながら
マトリョーシカの内側を望み見てヒビキ伝えている

♭アル語録♭…2015.08.27

物質は物質的エネルギーのみで存在しているわけではないよ
物質のエネルギーにダブり合うように霊的エネルギーがあり
霊的エネルギーがあるからこそ
物質的エネルギーは作動している

♭アル語録♭…2015.09.17

人が無限と想っていることは
見えない世界から見た場合
夢幻であり有限ともいえる
すべては一つのリズムとしてはあらわれ
そのリズムがまた変化をして
違ったリズムとして誕生する
これが無限でもあり有限ともいえる
動きゆく世界でもあるよ

♭アル語録♭・・・2015.10.25

人それぞれ意識も違い
思考も価値観も違う
そんな人達同士同じ行動には繋がらない
徐々にお互いの共有スペースが狭まるみたいにわかり合うって凄いと気づく
個が強い時代だからこそ全体を見失いがちだが
すべては大いなる根源意識とも根源意志とも呼べるものである
あなたがた人間一人一人

すべての見える・見えない存在達は
大いなる根源意識の意志一つ一つのあらわれし姿といえるよ

♭アル語録♭…2015.11.07

「元一《ひと》つ……」
この言葉にはさまざまな意味が含まれている
根源を辿っていけば
情報の質量・質料とも言うべき
極微極光渦巻く
離合集散せし世界である

♭アル語録♭…2015.11.10

物質は原因となるものの組み合わせによって
結果となる答えが導き出される
数学や化学の方程式のような世界なんだよ

♭アル語録♭…2015.12.08

神的・神霊的・霊的世界や宇宙を含む

すべての統べなる世界は繋がっているんだよ
すべては一つの大きな動きと
極微の世界によって成り立っている

♭アル語録♭…2015.12.18

宇宙の銀河も渦
地球における大気の動きも渦
人間の頭のつむじも渦
渦のような回転の動きが
すべてのハタラキを構成している

♭アル語録♭…2016.01.15

第3章

天意

「天意」と書いて「アイ」と読みます。人間は「愛」と表現していますが、サムシンググレートのアイは「天意」であり「テンイ」でもあります。一見、悲惨で不幸に見える事象にも、計り知れないほど深く、底知れないほどの優しさに満ちた天意があるのです。

天意　ステージⅠ

節分の日に何を想う？
激しき想いを秘めて退きある神々
あえて炒り豆ぶつけられ追いやられ来るべき時に備えた神々
人を鍛えるために邪神《おに》と化した神々
この節分の日にそんな神々に想いはせてほしいと願う
♭アル語録♭…2014.02.03

我らが響かせている情報は哲学ではなく
法則である
♭アル語録♭…2014.02.17

出会いは別れ
別れは出会い
♭アル語録♭…2014.06.16

人が大地に立つ……
この仕組みは計り知れない程の神の想いがあるんだよ

♭アル語録♭・・・2014.07.14

「天罰がくだる……」
なんて言葉があるよね
今世で悪事をした人を天に罰してもらう意味で使われているね
天罰があるとするなら天を神と見て
神は今世のみだけで判断されると想うかね
過去世も合わせての今の集大成で我が子らを見ている

♭アル語録♭・・・2014.08.04

微妙に変わりゆく変化に気づいていくんだよ
微妙な変化に気づいていけば流れに乗っていける
少しずつ変わりゆくことに意識を向けていけたら良いね

♭アル語録♭・・・2014.09.18

健康にどうのと称して
人間は食するものに対して
必要以上な扱いをしていないかな
食材に対して今の科学分析だけで
あれこれ注釈する前に食せる感謝の方が大切で
分析よりも人間としてどう感謝するかではないのかな

♭アル語録♭…2014.09.30

天意　ステージⅡ

種には生命を含めたたくさんの情報が詰まっている
あなたはどんな種が蒔けているんだろう

♭アル語録♭…2014.10.08

左廻りにほどきゆく時間と
右廻りにしめゆく時間のぶつかりある今に
あなたがたは生きている

♭アル語録♭…2014.10.18

神のプログラムから見たら
今の科学はある意味**仮学**《かがく》といえる
プログラムの進展に沿って発見されながら
やがて科学は**仮学**から真の**神学**《かがく》へと成ってくる

♭アル語録♭…2014.10.21

「宇宙のリズムに則して生きる」
あなたは宇宙のリズムを身近に感じて生きているかな?
地球のリズムに則しているかな?
リズムってなんだろう
多くの人々は宇宙からも地球からもかけ離れた生き方をしている
宇宙・地球のリズムについて感じていかないとね

♭アル語録♭…2014.10.29

虫を嫌う人達は多いかもしれないが
人間にとって虫はとても大切な役割をしてくれている

♭アル語録♭…2014.10.31

世の中にカラクリがあるように
すべてのことにはカラクリがある
どんなにひどいことであっても
そこには神の深い天意《アイ》のカラクリがあるんだよ

♭アル語録♭…2014.11.12

この世に誕生するはあの世への誕生であり

あの世に誕生するはこの世への誕生である
今今現物質輪廻最終章の刻《とき》を迎え
あなたの魂にある空白のページに何を記すや

♭アル語録♭…2014.11.15

新しい時代の夜明けを迎えようとしている
新しい時代のキーワードとして
感動＝神動
がある
いかに熱く感動するかだよ
熱く感動し涙することができたなら
その人はさらに深みを増すよ

♭アル語録♭…2014.11.24

あなたが体験・経験して識り得たことを
自分の内なる灯《ともしび》の炎を
人々の内なるものに灯していく
それが伝えることでもあるんだよ

♭アル語録♭…2014.11.28

神示・啓示は世にたくさん出たなれど
どれくらい神意・真意が伝わっているのだろうか
色眼鏡で見ずに見直していけたら良いのではと伝えて置くよ

♭アル語録♭…2014.12.14

魂の設定する人生のプログラムを今あなたがたは歩んでいるんだよ

♭アル語録♭…2014.12.28

言霊より
光透波（**光十波・九十波**）が起こり
言葉と成る
人は言葉を**言語**として捉えて
お互いの認識の矛盾を生んでいる

♭アル語録♭…2015.01.09

もっともらしいウワヅミだけを見て
鵜呑みにすることなかれ

ウワヅミの奥にあるものを見抜いて
真実の流れをつかまれよ

♭アル語録♭・・・2015.01.31

あの世の動きはこの世の動き
この世の動きはあの世の動き
すべては一つとして連動している

♭アル語録♭・・・2015.02.06

人間という言葉もそうだけど
時間・空間・瞬間・車間・合間・隙間等々……
間はさまざまな状態と状況に使われているね
これからの時代を語るうえでも
間はとても大切であり
結ぶ・繋ぐという重要な鍵ともなるよ

♭アル語録♭・・・2015.03.01

昼と夜の役割は違う
太陽の動きと共に見えない世界は

人間に与える影響は変わる
陽光降り注ぐ日中は活発に活動し
あまねく広がる星空と月光ある闇夜は活動を休める
この動きも人間にとって大切な法則なんだよ

♭アル語録♭・・・2015.03.11

あなたがたは地球に当たり前に住んでいる
酸素を吸って地球で生命を繋いでいる
決して当たり前のことではなく
酸素を吸って生きることができる条件をもっているからだ
人間と宇宙人と呼ばれる存在の違いでもある

♭アル語録♭・・・2015.03.29

すべてのものは大きな仕組みによって成り立っている
大きな仕組みにはさまざまな法則がある
法則をより良く作動させるための原理がある
原理を理解できたなら流れにスムーズに乗っていくことができるよ

♭アル語録♭・・・2015.04.07

法律やルールがなぜあるんだろうね
ルールは無秩序的なものを秩序的に整える
そういう意味で人間同士は無秩序な関係性を生みやすい
もっと自然界から学ぶべきだよ
自然界は何とも素晴らしい秩序をもっている
人が何か行動を起こす時
何らかの理由がある
理由を欲求とも目的ともとれることがある
もう少し言うならば
理由や欲求や目的がどんなことなのかで行動が変化する
どんな理由かがハッキリしているほど行動が明確になり
現実化に近づいていくよ

♭アル語録♭…2015.04.14

日常のありふれた毎日を当たり前と想っていないかね
すべてのものは常に移り変わり動いている
移り変わりの流れから見たら当たり前の毎日は

実は**当たり前**ではなく
ミラクル（奇跡）なんだよ
日常をミラクルと感じられたら
きっと真に感謝が生まれるはずだよ

♭アル語録♭…2015.04.17

土にいそしむということは
生命《いのち》にいそしむことだよ
土を大事にできなければ
生命《いのち》を大事にできない

♭アル語録♭…2015.04.25

地球に引き寄せる引力があるように
地球には引力相当の押し出す出力のエネルギーがある
引力と出力があるから宇宙の惑星間のバランスがとれている
地球のみならず
人間の仕組みも人間同士の関係性も同じといえるよ

♭アル語録♭…2015.04.29

海のひとしずく一雫いってき一滴には
たくさんの音霊が込められている
ひとしずくいってきの中にある音霊が重なり合いながら
海の奏でる潮騒となり
海音を体感した人は癒され安心をもらうんだよ

♭アル語録♭・・・2015.05.05

天意　ステージⅢ

漆黒の闇に人間はある恐怖を感ずる
闇は人間の真《しん》に投げかける強烈なエネルギーを放ち
真を揺さぶられ自らを省みる
省みた己の奥底に辿り着いた時
人間は真我と一体となり
真芯《ましん》より漆黒の闇に射し込む光の如く
自らを輝かせていく
闇は真実を教えてくれる

♭アル語録♭・・・2015.06.02

人間は体験がなければ
新しい創造をすることはできない

♭アル語録♭・・・2015.06.11

もっと土のことを理解してごらん
もっと土の在り方を見てごらん
もっと土を調べてごらん
土を識れば識るほど
人類の有り様がわかるよ

♭アル語録♭…2015.06.19

天空より響き渡る音を感じているか
大地より響き広がる音を感じているか
天地の間にいる人にも響きがあらわれてきているよ

♭アル語録♭…2015.07.20

地球上に住む生き物の大多数は
生きるために酸素を必要とする
逆に言えば酸素がなければ生きていけない
ではなぜ酸素が地球上にあるのだろうか
不思議に想わないかね？

♭アル語録♭…2015.08.09

現在の日本語を見ると
ひらがな・カタカナ・漢字
で書きあらわされているね
あらわされ方で印象も意味も変わってくるね
日本語のあらわすものはそれだけ豊かなんだよ

♭アル語録♭…2015.08.19

声なき声を聴く
その声は耳のみで聴こえるわけではない
全身を研ぎ澄まして
声なき声を聴いてごらん

♭アル語録♭…2015.08.27

地球上にあるものは
決して地球の中だけで生まれたものではないんだよ
地球外から来ているさまざまなものがあって
今日あなたがたはそれらを活用して役立てている
そんな宇宙からのギフトを感謝して受けとれる人であるなら

大きな流れに乗ることができるよ

♭アル語録♭・・・2015.09.13

過去世・今世・未来世
三世がダブり合ってあなたがたは生きている
ところであなたがたは
瞬間瞬間大切に生きているかね？

♭アル語録♭・・・2015.10.05

出来事が起きる時
その出来事が起こるべく
小さな動きが起きている
出来事を問題として捉えるなら
小さな動きに注意を払えば
大きな問題への発展は未然に防げる
これはマクロとミクロの連動のあらわれだよ

♭アル語録♭・・・2015.10.31

楽に生きることは
楽しく生きることでもある
人が楽しく生きられたなら
心が楽になり安心して生きられる

♭アル語録♭・・・2015.11.24

つらいことは見て見ぬふりをしたいところは人間誰しもあるだろう
見て見ぬふりは楽に感じるかもしれない
つらいことも必要あって自分自身に起きるのであるならば
すべては意味があるものだから
見て見ぬふりをいくらしてもまた同じことが起きる
なぜなら今は浄化・清算の真っ只中にいるからだよ

♭アル語録♭・・・2015.12.17

人生に節目があるように
時代にも節目がある
移り変わる時は常に大に小に動いている
時の変わり目が節目であり

節目をいかに生きるかで歩みが変わる
今の節目に立ち歩みし道のりを振り返り
さらなる未来を創造されよ

♭アル語録♭・・・2015.12.31

親子ってなんだろうね？
親子の在り方ってなんだろうね？
今だからこそ親子について考えてごらん
親子をしっかり見ていくと
あなたが抱えている問題の原因も見えてくるよ

♭アル語録♭・・・2016.01.05

色と音と数と香りと言葉は
物質の軸にもなる光のコントラストだね

♭アル語録♭・・・2016.01.15

第4章

意識次元上昇

アセンションとは「次元上昇」を意味しています。アル達は「意識レベルの段階が、やがて意識から次元段階に反映され、すべての価値観や関係性を変えていくよ」と伝えてきます。意識から次元へと現象化する時代に、私達はどうあればいいのかを考えてみましょう。

意識次元上昇　ステージⅠ

ほんのちょっとのことが後々《のちのち》大きな出来事になることがある
だからこそほんのちょっとを大切に考える必要があるよね

♭アル語録♭・・・2014.03.28

清算の時
濃縮された時間の中で
出会うべく相手と関わり
さまざまな在り方を成していく
今関係するすべての方々へ
感謝と詫びがもてると良いね

♭アル語録♭・・・2014.04.06

自分の目の前に起きることは自分に関係している

知るべき情報は自分に必要な事として知り得る
もう一歩踏み込むなら
意志によって知り得る必要な情報は変わってくるよ

♭アル語録♭…2014.05.10

天地一切神の声と言われているね
あなたがたはその天地を見て
そこから何を受けとめるのかな
そこには自分が求めている答えが充満している

♭アル語録♭…2014.05.21

もの作りにとって道具は欠かせないものだよね
便利な道具も時に凶器になる
使い方や使う人の在り方で大きく変わってしまう
認識と意識次第で作り上げる結果が違うことになるよ

♭アル語録♭…2014.05.28

上手くいかないことがあった場合
基本に立ち返ってみると良いよ

♭アル語録♭…2014.06.04

卑下し過ぎるのはよくない
自分を省みないことは卑下することと変わらない
省みることは自らを修正することだよ

♭アル語録♭…2014.06.10

人間は自分のモノサシをもって判断をしている
時にそのモノサシでは測れないこともある
特に目には見えないものは測るモノサシによって解釈も違い
導き出される答えも変わってくる
たくさん測れるモノサシがもてると良いね

♭アル語録♭…2014.06.12

人の記憶は時に結構曖昧なものだよね
でも事実でない記憶も思い込みで自分の中では事実となっていく
さらに時間の概念が加わると
過去・現在・未来が入り組んで想いが加わり記憶を複雑につくりだす
常にこの瞬間の自分を見ていく必要があるね

♭アル語録♭…2014.07.22

人間が善悪を語る時
自分の置かれている条件によって善悪の基準が変わってくるのではないかな
それだけ善悪の基準が人間の中では曖昧なんだよね
自分が善
相手が悪と決めつけはできない
いつ立場が逆転するかわからないからね

♭アル語録♭…2014.07.31

待ってことを得て動くより
先手先手と動いていけば
さまざまに変化しゆく状況に対応していける
そう……攻撃は最大の防御なり
先手必勝という言葉があるように
本当に守りたいと考えるのであれば
一歩でも前に出て先に進むことだよ

♭アル語録♭…2014.08.12

例えばボクシングや空手や中国武術のように

拳で突く技術があるよね
ぱっと見は突くという動作は同じように見える
しかし鍛錬の方法が違えば
突く時に使う筋肉と神経的伝達は違ってくる
同じように見えても在り方が違えば
同じものとは言い難いんだよ

♭アル語録♭・・・2014.08.15

例えば……
「電源を切ります」と「電源を切りました」は
まったく違う状況を物語っている言葉だよね
「切ります」「切りました」のような言葉のやりとりで
どちらの言葉に捉えたかによってこじれた問題に発展することだってある
言葉は相手の解釈しだいで時には意味することも変わってしまう
言葉を話すと同時に伝えたいことを
相手にどうイメージをさせていくかも大切になるよ

♭アル語録♭・・・2014.09.04

宇宙人は地球にいる人類に古代より深く関わってきた
しかしそれらを認めて受け入れることはなかなかできない
あなたがたが認めようと認めまいと
受け入れようと受け入れまいと
宇宙人は存在している

♭アル語録♭…2014.09.09

あなたがたがスピリチュアルと呼んでいる世界に限ったことではないが
誰かが自分に対して大切な話をしてくれている時
「あっ、その話知ってます」と言う人達がいるよね
これはとても損をしていると思わないか？
もしかしたら自分の知らない重要な内容かもしれないし
神霊的には何かの大きなサインかもしれない
聞く姿勢一つで天からのギフトをもらい損ねるね
知る知らないはこれから雲泥の差が出てくるよ

♭アル語録♭…2014.09.12

「御照覧《ごしょうらん》あれ！」

という言葉を聞いたことあるよね
この言葉にはとても深い意味があることを伝え置く

♭アル語録♭・・・2014.09.28

意識次元上昇　ステージⅡ

人間もさまざまいるように
神々もさまざまおられる
さまざま存在しているということは
さまざまな想い方・考え方・捉え方があるといえる
だからこそさまざまな展開が広がり
さまざまな選択が広がってくるよ

♭アル語録♭・・・2014.10.03

静かに侵蝕されていることに人々はなかなか気づけない
世の出来事も病も同じことがいえる
奥にあるものに無知であってはならない

♭アル語録♭・・・2014.10.13

あなたがたは遠くで起きている出来事について

自分もしくは自分達に関係する出来事と
心の底からなかなか認識できない
だから当然それらの出来事が真か偽りか区別するのは難しいね
真実を見抜く目と同時に
現場を知ろうとする想いの強さも大事といえるよ

♭アル語録♭…2014.10.21

すべてのものには段階がある
段階によって同じものを見たり
同じ話を聴いたとしても
受け取り方や感じ方は全然違うよね

♭アル語録♭…2014.10.22

つらいことがあった時
何かを変えたいと思った時
大切な決断をしようと思った時
早起きして**太陽**の陽《ひ》の光を身体いっぱいに浴びてごらん
陽光はあなたの力になってくれる

♭アル語録♭…2014.11.02

枝葉の問題に囚われすぎると
本流を見失ってしまう
枝葉の知識に囚われすぎると
根本を掴めず智慧として身に付けることができない

♭アル語録♭…2014.11.07

見える世界だけを見て
見えない世界を抜きにするのは良くない
見えない世界だけにはまり込んで
見える世界をおろそかにするのは良くない
どちらも見ていく必要があるよ

♭アル語録♭…2014.11.11

あなたが見て現実と言っているものは
何を根拠として現実と認識しているんだい？
あなたが現実と捉えているものは
あなたの脳でつくりあげられているもので
脳が今とは違う認識をもったら

今までとは違う現実になる
現実とはずいぶんと不安定なものだね
不安定なのは変化をするからだよ

♭アル語録♭…2014.11.22

プラシーボ効果で見た時
人間と他の動物達とは違う結果になりはしないかね
人間は視覚的聴覚的なものから思考しすぎた暗示にかかり効果を感じる
しかし動物達はシンプルに捉えて感じているから
人間が陥りやすい暗示の効果を体感することはない
動物達はとても自分に正直だね

♭アル語録♭…2014.12.04

今は「なーんちゃって」が通じない時代かもしれない
心に迷いがあるのなら
かえってやらないほうが良かったと思う結果になるかもね

♭アル語録♭…2014.12.09

どれか一つが正しいという答えはない
状況に応じてさまざまな解答がある
一つを追及するのは良いと思うが
こだわり続けることなかれ

♭アル語録♭…2014.12.21

物事には順序と段階があるように
物質化にも順序と段階がある

♭アル語録♭…2015.01.07

ボタンの掛け違い……
最初のボタンが掛け違っていたら
途中で気づくか終わりに来るまで掛け違ったままになる
どうスタートするかでずいぶん変わってくるね

♭アル語録♭…2015.02.10

一つの道も
幾通りにも重なり合っている
ある道を極め到達したと想っても

極めたその時その瞬間
幾通りも重なり合っている道の高みに上がり
道の舞台がバージョンアップするんだよ

♭アル語録♭・・・2015.02.27

人間はたくさん涙して
涙をぬぐいながら
道を切り拓いて歴史の歩みを刻む

♭アル語録♭・・・2015.03.02

ハウツーのやり方をたくさん得るよりも
根本をしっかりふまえていくんだよ
これからの時代は今までより応用が必要な時代だ

♭アル語録♭・・・2015.03.16

新しい創造を生むためには
新しい観点と
新しい認識と
新しい体験が必要となるよ

どう深く体験したかで
新しい観点や新しい認識にもなってくるよ

♭アル語録♭・・・2015.03.28

技術がいくら発達して開発されても
開発された技術を扱う技術者がいなければ
開発されたことが活かされない
技術をつくることもさることながら
同時に技術者の育成も必須ではないのかな
より高いクオリティを望む場合
技術と技術者の両方が大切だね

♭アル語録♭・・・2015.04.04

よく引き寄せの法則というものが語られているね
でも今は引き寄せというよりも激しく
引き合いと呼べる動きといえるよ
良きにつけ悪しきにつけお互いが必要で烈々たる想いで求めるが如く
引き合い出しているよ

今今出会う人は本当に大切な相手だからね

♭アル語録♭・・・2015.04.11

日々**お陰さま**を感じて生きていたら
日々**感謝とお詫び**ができているのではないかな
感謝とお詫びができない人はきっと
お陰さまを思うことができない
人は一人で生きているのではないよ

♭アル語録♭・・・2015.04.17

お陰さまを感じ生きていると
自然と周りに感謝の気持ちが起こる
感謝がたくさんできて
ありがとうという言葉が絶え間なくあると
自然と有り難いことが集まってくる
あなたがたが使うお金も同じ仕組みじゃないかな

♭アル語録♭・・・2015.04.28

今ここを生きながら一歩先を見据える

見据えた先に次の展開が存在している
だから今を生きていなければ
未来がうまく選択できないよ

♭アル語録♭…2015.05.02

AとBの選択がある場合
どちらの選択をするかで流れが変わる
流れが変わるということは
これから先の道のりと歩みが変わる
もう少し言うなら選択によって意識レベルも違うといえる
今最良最善の選択を望むなら
イマココを最良最善で生きるんだよ

♭アル語録♭…2015.05.12

意識の置きどころによって
行動に移す考えの視点や出発点が決まる
当然出発点が変われば
向かう先も時間の動きも力の出しどころも

起きてくる流れすらも違ってくる
あなたの意識はどこに着目している？

♭アル語録♭・・・2015.05.21

脳が捉えて人間が認識している世界は
ほんの一部分にすぎない
また個々によっての認識の違いを入れたら
理解できているのはほんの僅かになる
新しい仕組みに入るということは
現在人間が認識できる以上の幅の広がりをもちながら
全体でも個々でも認識の捉え方の格差がどんどん出てくるよ

♭アル語録♭・・・2015.05.29

意識次元上昇　ステージⅢ

新しいものを付け足し・取り入れ・発展させたりしたことを
進化とは言わない
進化とは
古きものを壊し
新しいものを取り入れつつも
壊したものと融合させながら
新たに組み上げていくことなんだよ

人間は往々にして
自分で問題点を複雑にしている
それだけシンプルに見ていくのはとても難しい
シンプルにものを見てはいけない原因として

♭アル語録♭…2015.06.06

感情的なことから起きる執着が問題を複雑にしていくよ

♭アル語録♭・・・2015.06.28

理想と現実は違うものとあなたがたはよく言っているよね
では本質と現象はどう想う？
起きてくる現象ばかりに目を向けて
対処療法的にしても真の解決にはならない
されど本質論をいくら展開できても
現象に沿った対応しなければ
真の結果は出ない
理想と現実の展開のように
内外的条件を認識していない限り
本質論だけでも現象論だけでも
バランスはとれないかな

♭アル語録♭・・・2015.07.05

始めのキッカケを生み出すことは

さまざまな苦難的事柄を乗り越えていく
周りの理解ができない故に
先鞭をつけることはとても勇気がいる
創始するエネルギーはすべてを包み
未来に向かって新しい創造を光築《こうちく》する

♭アル語録♭・・・2015.07.27

あなたがたはなぜお金を大事だと想っているんだろうね
一見してただの印刷された紙だよね
でもその紙に付加価値を付けてお金として経済流通させ
人生で笑ったり泣いたり喜んだり苦しんだり楽しんだり恨んだりする
もし今のお金に付加価値がなくなり
それらに代わるものが出てきたら
あなたがたはお金で一喜一憂するだろうか
これから起こることで古き価値観が崩れはじめ
新しい価値観が生まれ新しいものがつくりあげられてくる

♭アル語録♭・・・2015.08.11

人のためと言って行動していることも
実はすべては自分のために起こしているんだよ

♭アル語録♭…2015.08.17

チャンスが眼前にあったとしても
チャンスと感じていなければ
気づかず見落としてなくしてしまう
常にアンテナを張っておかないとね
あなたはチャンスをものにできる人？
それともチャンスを見落とす人？
どちらかな

♭アル語録♭…2015.09.05

人間は自分の物差しですべての事柄を価値判断する
物差しの長さによっては大切な情報を受け取ることができない
そんな物差しは時に自分を狭めるよね
自分の物差しについて考えたことがあるかね？

♭アル語録♭…2015.09.11

人は痛みのあるところに注目して
注目したところをケアしようとする
しかし根本の原因は注目しているところにないことが多い
これは痛みに限ったことではなく
世の中の事象の道理も同じなんだよ
あなたは今の世の中を見てどこに注目を置く？

♭アル語録♭…2015.09.29

すべては動いていることが実感できているのかな？
動いていることが真に認識できた時
あなたの世界観が大きく変わり
宇宙法則があなたを助けてくれる

♭アル語録♭…2015.10.08

なぜ悩みというものが起きてくると思う？
なぜ人によって悩みが違うのだろうか
それは自分が思ったようにならないと感じた時に
人は悩みをもち苦しむんだよ

では悩みがあなたの思い次第で変わるなら
悩みってなんだろうね？

♭アル語録♭…2015.10.17

あなたがたが生きている人生の
その時その時の想い出の中には
当時流行った音楽が一緒に刻まれていないかね
記憶と音楽の関係性を見ていくと面白いよ

♭アル語録♭…2015.11.30

あなたがたがまだまだわかっていない霊的なものがあるように
まだまだ発見されず認識できていない物質的なものがある
いかに根本を識りハタラキを識るかは
物質・霊的ともに重要である
何らかの問題を解決するためには
特にハタラキを識るのは大切だよ

♭アル語録♭…2015.12.05

あなたがたは**反省**と聴くと

嫌なマイナスイメージを感じるかもしれないが
決してマイナスなことではない
反省はすべての良い悪いに関わらず起きた出来事を振り返ることで
次に高まり繋げていくために必要なことなんだよ

♭アル語録♭…2015.12.20

聞く・聴く・効く・訊く・利く
きく・キクについてよく見直してごらん

♭アル語録♭…2016.01.07

相手を認識しているから理解してわかり合おうとできる
認識するのが当たり前とあなたがたは想っているかもしれない
もし相手を認識できていなかったなら理解の仕方もまったく変わってくる
決して認識できるのが当たり前と想わない方が良いかもしれないよ

♭アル語録♭…2016.01.30

第5章

霊性向上

「スピリチュアル」と聞くと、怪しいイメージをもつ方がいるかもしれませんが、「スピリチュアル」を日本語にすると「霊性」になります。本来スピリチュアルが目指すのは霊性向上であり、それが今の私達にいちばん必要なことなのです。

霊性向上　ステージI

目的があって
目標が定まれば
迷うことはない
迷うということは
目的を理解することなく
目標を絞り込めないでいるといえる

♭アル語録♭…2014.03.29

振り返り後戻りすることができない段階まで来てしまったよ
例え絶望的状況であっても
今すべきことに最善を尽くしていくんだよ

♭アル語録♭…2014.04.10

何を優先すべきかを考える時

自ずと大局的な流れを見る必要があるよね
個の時間が強くなっているからこそ
全体を見る目を養っていくんだよ

♭アル語録♭…2014.05.03

人にはさまざまな役割がある
だからこそいろいろなことが可能になるんだよ

♭アル語録♭…2014.05.18

悲しいなら悲しい
苦しいなら苦しい
つらいならつらい
これらの感情は決してネガティブなものではなく
人なら素直に感ずる当たり前の感情なんだよ
最近は痛みに鈍くなっている人達が多いね

♭アル語録♭…2014.06.06

見えない世界があることを信じていても
物質的なアプローチしかしていなければ

それは本当の意味で信じていることにはならないよね
しっかり霊的アプローチも考えないとバランスがとれないよ

♭アル語録♭…2014.08.06

人間は潜在意識と自律神経のような無意識に作用するものに
かなり影響を受けて人生を生きている
顕在意識ではどうすることもできない無意識の世界
マイナスに作用する霊的な者達は
コッソリ無防備な無意識の世界に仕掛けをしてくる
無意識の世界が無防備にならないためにも
あなたがたで言うところの見えない世界の法則を
しっかり識る必要があるんだよ

♭アル語録♭…2014.08.17

お金がないと言う人でも
自らが価値あるとするものには
いくらでもお金を支払う

逆を言うなら価値を感じないものには
お金を出そうとは想わない
これは情報を識ることに共通している
あなたの価値観は何を基準に決めているのだろうね

♭アル語録♭…2014.08.31

人間は時に戒めを必要とする
同じ過ちを起こさないようにと自らを戒め生きている
戒めがないと人間は反省がなかなかできないからかもしれない
今の時代だからこそモーゼが神から十戒を受け授かったが如く
改めて戒めについて謙虚に考えてみてほしい

♭アル語録♭…2014.09.01

人間は何を信じているかで判断の基準が変わってくるよね
別な表現をするなら信じているもので生き方が変わってくる
そんな自分が信じているものが出す答えが
必ずしも自分の意に添うとは限らない
しかしそれを導きと受け止める人もいる

信じるということを改めて見ていく時代ではないのかね

♭アル語録♭…2014.09.11

現在世界にはたくさんの宗教が存在しているね
宗教が無くなることなく今日まで来たということは
人間が宗教をいろいろな意味で必要としたわけだね
今改めて宗教はなぜ人間に必要であったのかが問われている時代だよ
宗教をもった人間は今地球に何ができるのだろうね

♭アル語録♭…2014.09.15

あなたがたが霊能力と呼んでいるものにも段階があるといえる
段階があるということは出てくる答えも違ってくる
どの段階の人とご縁があるかでずいぶん変わってくるよね

♭アル語録♭…2014.09.23

今まで取り組んだことのないことや新しいことをする時
とても勇気がいるのではないかな
新しい取り組みはどう形になるか予想が立たないから

波風が立つことから人間は怖れ逃げようとして後悔するかもしれない
怖いが立ち向かって新しい道を切り開くか
それとも逃げて後悔する道を選択するのか
あなたはこの時代に
どちらの道を選択する？

♭アル語録♭…2014.09.27

霊性向上　ステージⅡ

広く全体を見ていけたら良いよね
全体を見る習慣ができると
ものの見方――視点が変わってくるよ

♭アル語録♭…2014.10.10

伝える時
話す側の姿勢や内容は問われても
聴く側の姿勢はほとんど問われることはないよね
話す側より聴く側の想いの方がはるかに大事なんだけどね

♭アル語録♭…2014.10.19

エネルギーには方向性がある
方向性があるということは

どのようにエネルギーを扱うかでずいぶん変わる
あなたのエネルギーそして想いはどちらに向かっている？

♭アル語録♭…2014.10.20

きっと東洋医学と呼ばれているものは
見えない世界への視点に重きを置いたものであったろうね
でも現在は東洋医学を志している人達でさえも
物質主体の西洋医学と変わりない在り方をしている
確かに目には見えないから
不確かな認識を
形あるものにしようとした結果ともいえる
今だからこそ医学は
目に見えない世界へのアプローチと追求が大切ではないかな

♭アル語録♭…2014.10.23

人間は今の意識――顕在意識よりも

潜在意識からの影響を強く受けて
人生の選択をしているよ
潜在意識とどう付き合っていくかだね

♭アル語録♭・・・2014.11.05

あなたはこの時代だからこそ何を得るのか
得るものによって進むべき選択が変わる

♭アル語録♭・・・2014.11.18

的があって矢を射るように
意識が目的に向かって貫いて進むことができたなら
矢を真ん中を射たように目的を貫き達成できるよ

♭アル語録♭・・・2014.12.05

「小事にこだわり大事を得ず」
目先にこだわるのはもったいないね

♭アル語録♭・・・2014.12.07

目の前に出てきていても
見えない・気づかない人達は

たくさんいるのではないだろうか
見える・気づける人であると良いね

♭アル語録♭…2014.12.10

この物質世界を見る時
物質的アプローチだけではいけない
霊的アプローチだけでもいけない
両サイドからアプローチしなければ
本当の姿は見えてこない

♭アル語録♭…2014.12.20

「健全な精神は健康な肉体に宿る」
と言われているけど考え方も同じだよ
考え方もねじれていたら身体的機能にも影響が出やすい
考え方・捉え方……人間は良識も問われている

♭アル語録♭…2014.12.27

人は特定の思考パターンにハマりやすいね
思考の呪縛に囚われている限り

新しい道を歩むことは困難といえる
思考の呪縛から解放されたいものだよね

♭アル語録♭…2015.01.08

人は自分を失うほどの大きなショックを受けない限り
大きく変わることはなかなかできない
逆に言えばショッキングな出来事が起きるということは
大きく変われるチャンスといえるよ

♭アル語録♭…2015.02.08

自らが力で対抗すれば
相手も力で対抗してくる
この動きを道理・原理・心理から見ても
人間の行動に照らされてくる
力の使い方が大切だよ

♭アル語録♭…2015.02.14

経験や体験によって裏付けられながら
自信や考え方の幅の広がりとなる

細かく言うならばどんな経験と体験をしたかにより
自信のもち方や考え方の幅が変わってくるね
質とは経験や体験をどう捉えて
自分に落とし込んだかともいえる

♭アル語録♭…2015.02.22

今がつらいからと
投げやりになる人達もいるかもしれない
霊魂の旅――生まれ変わりがあるとするなら
あなたがたは今世のみで生きているわけではないね
まだ旅の途上であって
未来世と過去世を合わせてみれば
決してつらくてダメなのが悪いとは言えないし
投げやりになるのはもったいないよ

♭アル語録♭…2015.03.06

宗教が人間の拠り所に本当になっていたら
現在苦しんでいる人達の多くを

癒せたのではないだろうか
心を救えたのではないだろうか
あなたはどう想う？

♭アル語録♭・・・2015.03.24

作用反作用の法則があるね
押したら押され返される
引っ張ったら引っ張り返される
作用反作用の働きの中間になる力
人生もこの中間の力で生きられたなら
ぶつかることなく穏やかに過ごせるのにね

♭アル語録♭・・・2015.04.22

何事にも言えるかもしれないが
技術に走るより
想いを強く覚悟をもっていくことが
道を開くことに成る

♭アル語録♭・・・2015.05.31

霊性向上　ステージⅢ

世の中でどんなに良いものといわれるものにも
メリット・デメリットは存在する
今の自分にとって何がメリットで何がデメリットかを
人は常に考えて生きている
メリット・デメリットを判断する認識がどうあるかで
生きやすくなるかならないかも決まってくるよ

♭アル語録♭・・・2015.06.30

スピリチュアル……
スピリチュアリズムに陥らず
真の霊性向上を目指すならば
人間として良識を踏み外してはならないよ

♭アル語録♭・・・2015.07.11

問題の状況に応じたさまざまな方法や角度のアプローチがあるよね
たくさんあるアプローチの中の最良の選択をするためにも
起きている問題の根本的原因を識り
起きている問題の事象を客観的に捉え
今の流れを見極める必要があるよ
もっと簡単に言えば
起きている問題の事実を捻じ曲げず
ただただ自分のこととして
事実を認めることだよ

♭アル語録♭…2015.07.23

問題となることに対して人はどうしていくことが多いのだろうね
根本解決に向けて掘り下げながら答えを導き出すのか
それとも掘り下げているふりをして問題をすり替えて答えていくのか
どちらを選択するかで似て非なる結果になってくるよね

♭アル語録♭…2015.09.02

自分と向き合うとは何？
自分となかなか向き合うことができずにいるのではないのかな
自分の醜さを感じた時
人は鏡で自分の姿をまともに見られないのと同じように
自分の内面から目を背けたくたる
そんな自分の醜さに苦しみながらも向き合うことができたなら
人はこれから先の道を大きく切り開いていくことができる

♭アル語録♭…2015.09.29

量子力学の世界でも語られているが
すべてが波動・振動の世界だと
本当の意味で人類が捉えることができたなら
人類にとっての大いなる発見がなされてくるはずだよ

♭アル語録♭…2015.10.11

人は自分が認識していないものは
目の前で出来事が起きていても

何が起きているのか理解ができない
別の表現をするなら
認識がなければ
騙されてるかどうかもわからないね
認識していくというのは大切だよ

♭アル語録♭…2015.10.23

個の意識の底上げが本格的になっている
個がいかに高き意識になるか否かで
全体の底上げが変わってくる
自らの使命・天命に少しずつ気づいてくるよ

♭アル語録♭…2015.11.18

無意識的な言動・行動で
他人を傷つけていることがあるね
無意識と言えど起こした事実は存在する
無意識はいつしか習慣的なものに入り
習慣の連鎖の中で悪習慣となるものがある

よくよく自らの習慣を認識する必要が
これからは特に大切だよ

♭アル語録♭・・・2015.12.14

何事にも核となる中心軸があるね
いかにどんな中心軸をもてるかで
人生の在り方が変わる
では中心軸をどう認識してもてるのか
心身両方を見ていく中で
人間は体感がいちばん理解しやすいかもしれない
いかに体幹を整えていくかもポイントといえる
だからこそ丹田をどう鍛えるかが要だね

♭アル語録♭・・・2015.12.27

聞く・聴く側の質を上げていくことが必要な時代となる
話し手がいかに優れていて重要な情報を伝えていたとしても
聞き手・聴き手いかんによって大切なものとして受けとれずにいる
聞く・聴く姿勢を身につけなければ大事を得ることは難しいよ

♭アル語録♭・・・2016.01.09

マイナスとは決して悪い意味ではない
自分に必要なものを取り入れていくために
引いていくことなんだよ
引いていくことが真にできたなら
人は重要なものを得ることができる

♭アル語録♭・・・2016.01.24

第6章

自立

「依存から自立の時代になった」とアル達は言います。ややもすれば人間は依存の関係になりやすく、そのためにさまざまな問題を起こしますが、自立し合った者同士がしっかりと結び、お互いが支え合う光築《こうちく》を生むような展開が必要です。

自立　ステージⅠ

自分を信じられない人が他人を信じられると想うかい？
まず自分を認めて信じていくことが大切だよ

♭アル語録♭…2014.02.10

あなたが今できることを心尽くして精一杯やっておくんだよ
時が近づいているから……

♭アル語録♭…2014.02.10

自分の本心の声を発していかれよ

♭アル語録♭…2014.02.28

上達や高まりをもつためには基礎をしっかり身につける必要がある
基礎や基本をおろそかにすると上達から遠ざかるといえる
基礎基本になるものをしっかり土台として身につけられたら良いいね

♭アル語録♭…2014.03.25

何事も自分で体験することができたら多くを学べるね
限られた時間でどれだけを経験できるのか考えた時
無駄にすることも無駄になることもない
限られているからこそ
体験・経験に深みが出る

♭アル語録♭…2014.04.03

つい概念が働くと人は保身に走りやすくなるからね
常に概念を壊しながら
新しい発見を求めていくと良いよね

♭アル語録♭…2014.05.03

真実や本当に大事な出来事は隠されようとしている
だからこそ無知でいてはいけないよ
無知故に真実を見失ってしまうから

♭アル語録♭…2014.05.30

建物を建てる時には
基礎たる土台が必要だよね

土台がしっかりしていないと
もろくて崩れてしまうおそれがあるよね
すべてに通じることだといえる

♭アル語録♭・・・2014.06.02

私には関係がないということはない
一人一人に責任があるんだよ
個人の力はそれだけ大きい

♭アル語録♭・・・2014.07.10

誤解した記憶が歪めたものを生みだす
諸問題は歪めた記憶から起きてくる
誤った歪んだ記憶を修正して
上書きしていけると良いね

♭アル語録♭・・・2014.08.05

行く人あれば戻る人あり
進みゆく人あれば立ち止まる人あり
あなたはどちらの人なのか……

♭アル語録♭・・・2014.08.11

あなたの原点は何か……
あなたのやってきたことの原点は何だったのか……
今今原点を見つめてごらん
原点が見えた時
今の自分の立ち位置と在り方がもっとよくわかってくるはずだよ
♭アル語録♭…2014.08.16

オーラをしっかりと張るためには
腹＝下丹田を鍛えることだよ
オーラがしっかりしていないと
マイナスなものに影響されやすくなるよ
♭アル語録♭…2014.08.24

宇宙の惑星と惑星の間も
自然界の動植物達の繋がりも
人間同士の関係も
すべてはバランスによって成り立っている

バランスというシステムがあるからこそ
繋がりや関係を深めていける

♭アル語録♭・・・2014.09.10

聞くのは話すよりも大切な行為なんだよ
聞き手の意識や聞く姿勢によって
話し手の話す内容を深く引き出せることができる
話す技術があるように聞く技術があるといえる
聞き上手は得ることがたくさんあるかもしれないね

♭アル語録♭・・・2014.09.14

自分のおかしいことに気づいているうちは問題ではないが
自分のおかしいことに気づいていないのは
取り返しのつかない問題を起こす可能性がある
絶えず自分観察をして自分のおかしさに気づけたらと想うよ

♭アル語録♭・・・2014.09.14

自立　ステージⅡ

何においてもまず土台ありきだよ
土台が盤石であればどんな在り方でも対応できる
逆を言えば土台のないところは脆くも崩れていくよ
だからこそ物事を成すにはまず土台ありき

♭アル語録♭…2014.10.04

時代はインプットよりアウトプット
いかに自分らしさを表現してあらわしていけるか
自分らしさは決して自分勝手のマイルールではないことも伝えておくよ

♭アル語録♭…2014.10.17

人間はすぐに回答なるものを出したがって最短で事なきを得ようとする
そんな時ほど回答も出ず最短どころかかえって迷ってしまう

「急がば回れ」という言葉があるように
時に遠回りに想える道の選択も必要かもしれないね
♭アル語録♭…2014.10.19

「赤信号みんなで渡れば怖くない」ではないが
人間は往々にしてこの心理になりやすくないかな
みんなで〇〇というのがくせ者だよね
♭アル語録♭…2014.10.30

こだわりや想い込みは物事を大きく変えていく力になる
されどこだわりや想い込みは時に自分を苦しめるものにもなる
どちらに働くかはあなた次第だ
♭アル語録♭…2014.11.08

今の時代だからこそ
自分の役割に生きられたら幸せだよね
役割と共に歩む人生よ
♭アル語録♭…2014.11.10

働きや動きを神さまとするなら

誰しもその神さまを信じて寄りどころにしているね
そういう意味では人間は自分の神さまを内に秘めている

♭アル語録♭…2014.11.18

自立したモノ同士が結びつき高め合うことが必要な時
結びつくことによって新しいモノが生まれてくる
新しい段階の高まりが求められているよ

♭アル語録♭…2014.11.25

今世の中の出来事を見回して
危機・絶望と見るか
チャンス・希望と見るか
あなたがどちらの観点とポジションで見ているかで
捉え方はとても変わるよね

♭アル語録♭…2014.12.10

自分の舞台は自分が主役
そんな主役のあなたが自分の舞台で脇役を演じたり

脇役と一緒に舞台を盛り上げずして
自分の舞台は面白くないんじゃない?

♭アル語録♭…2014.12.26

あなたの常識と良識が
あなたの認識を生むよ

♭アル語録♭…2015.01.24

あなたがたは生きるために何を優先するのか
優先するものは個人の認識によってずいぶん違うよね
認識が生きることを左右してくる
認識次第で生きる選択と進むべき道が変わる

♭アル語録♭…2015.01.29

外見だけいくら変わっていっても
中身が変わっていかなければ
伴わないものがある
外見と中身の両方のバランスが大事

♭アル語録♭…2015.02.19

他人を拠り所にし過ぎたら依存と呼ばれる
自己を拠り所にしたらそれは自立と呼ばれる
何を拠り所にするかで立ち位置が変わり
スタートが変わってくるよ

♭アル語録♭・・・2015.03.28

チャンスを活かす……
チャンスを活かすために必要なこと
それは**タイミング**
タイミングとチャンスがどうマッチするかだよ
タイミングを起こす人であるのか……
それともタイミングを待つ人であるのか……
タイミングの在り方で結果も変わる

♭アル語録♭・・・2015.04.30

過去世を合わせて
行ってきたことの自覚なくして
本当の意味でイマココを生きることはできないよ

♭アル語録♭・・・2015.05.08

矢で的を射るように
拳銃で標的を撃つように
的や標的のような目的や目標設定は
やるべきことを明確にしてくれる
明確になればなるほど
現実に実現化してくるよ

♭アル語録♭・・・2015.05.22

自立　ステージⅢ

一瞬の決断は
一生を決める決断かもしれないね

♭アル語録♭…2015.06.12

伝授……
伝え授かるということは
伝え手の想いと真意を
受け手がいかに想いと真意を汲み
自らのこととして刻めるかではないか

言葉や文字が多種多様あるように
同じ意味に類するものがあるように
あなたがたはアバウトに感じている

♭アル語録♭…2015.06.28

類する表現を細かく見ていくと
実はそれぞれのもつ意味は違うといえる
言葉や文字のもつ深さを識るということは
人を識るともいえるよ

♭アル語録♭・・・2015.07.12

自分が絶対正しいということを
正義と呼ぶなら
自分の正義があるように
相手も相手なりの正義がある
自分の正義を押し通すのか
相手の正義を受け入れるのか
これからの人間関係を考えるうえで
正義という捉え方がある示しになるよ

♭アル語録♭・・・2015.08.04

未来のために
今を変えたいと変革を望む者と

今を変えたくない保身を望む者といる
あなたはどちらだね

♭アル語録♭…2015.08.26

人間は誰しも多かれ少なかれ
執着をもち囚われている
囚われに気づいている人達もたくさんいる
されど執着に囚われていることが
自分の歩みをどれだけ阻んでいるかを
認識している人達はとても少ない

♭アル語録♭…2015.09.08

どこに意識・目的を置き
どこからスタートとするかで
行き着く結果はかなり変わってくる

♭アル語録♭…2015.09.15

同調する・共鳴するなどの言葉があるね
細かくは言葉のもつ意味が違うと想うが

相手の気持ちを察したりわかろうとしたりすることでもあるよね
さらにもう一段階上がって表現するなら
自らが高まり相手も共に高めていくことでもあるね
そんな刺激し合う関わり方ができる人達がたくさんいたなら
人財ともいえる魂の財産だね

♭アル語録♭・・・2015.09.25

ある意味人間は
宇宙から降り注ぐ大いなるエネルギーを
地球と結ぶアースともいえる
人間が真に感謝とお陰の想いをもつなら
地球はあなたがた人間に
多くの恩恵と恩寵をもたらしてくれる

♭アル語録♭・・・2015.10.12

自分が知るすべての出来事は
すべて自分に関係することであり
向かい合わなければならない

自分の内《なか》の出来事なんだよ
♭アル語録♭…2015.11.25
人間は自分の対局にあるものに目を向けようとしない傾向があるね
見たくない現実に目を向けた時
対局にあるものの意味がわかってくる

♭アル語録♭…2015.12.13
ある出来事があった時
同じものを見ても立ち位置・ポジションによって同じように捉えない
同じではないからこそ導き出す思考も行動も違い
幾通りもの在り方が生まれてくる

♭アル語録♭…2015.12.25
継続して積み重ねていけば
結果はおのずと出てくる
結果としてなかなか結びつかないと口にする人達がいるね
ではなぜ結果を感じないのだろう？
そんな時どのように継続・行動して積み重ねてきたかを見直すと

なぜ想った結果にならないかに気づいてくる

♭アル語録♭…2015.12.29

伝えたい想い
伝わらない想い
わかり合うのが難しい時に入っている
だからこそ察する力が必要だよ

♭アル語録♭…2016.01.19

第7章

存在

あなたは、自分や他人の存在をどのような時に感じますか？ 自分や他人は生きている存在だと思っているでしょうか。また、地球や宇宙の存在をどう感じていますか？ 宇宙・地球に生きている実感はあるでしょうか？ 存在とは何かを、あらためて感じてみましょう。

存在　ステージI

いくら大切な話を聴いても
人間は自分が体験しなければ実感が伴わないし
大切な意味があったこともわからない
だから多くの体験をすることは
どんな些細な話からも
話の真意が汲み取れるんだよ

♭アル語録♭・・・2014.02.01

自分と向き合い認める

♭アル語録♭・・・2014.04.04

片寄りすぎたらバランスを崩すよ
ほどほどの加減が要になるよ

♭アル語録♭・・・2014.05.03

自分の存在について人間はとても考えているね
しかし人間は自分を識ろうとしないから
自分の存在の本当のところはわからないといえる
自分を識ることが肝心だよ

♭アル語録♭・・・2014.05.15

辿り着く頂は同じでも
通ってきた過程で学びは違う
違うからこそさまざまな事が織りなせる

♭アル語録♭・・・2014.05.22

脳や血そして遺伝子によって
ある物事を共通認識するようになっている
脳・血・遺伝子がもし狂えば
共通認識することは難しいしまたはできなくなる
共通認識できているのは凄いことなんだよ

♭アル語録♭・・・2014.06.25

あなたがたの生業や幸せと感じているものは

地球が無事であるからこそ成立しているものじゃないのかな
地球は当たり前にあるようにあなたがたは想いがちだけど
決してそうではないよ
地球が暴走したら気づくのだろうか……

♭アル語録♭…2014.06.26

自分の世界が他者との世界と織り重なっている
そんな世界にあなたがたは存在し
生きている

♭アル語録♭…2014.07.02

人間も動物も植物も物質的肉体のみで存在しているわけではない
物質的肉体には霊的エネルギー体ともいうべき身体が内在されている
物質的なものだけ追っても答えが出ないことがたくさんあるんだよ

♭アル語録♭…2014.08.02

引き合うということは
お互いに同じものを持ち合わせていなければ

引き合うことはない
大きく見れば人と地球の関係のように……
身近では出会うべく人達の関係のように……

♭アル語録♭・・・2014.08.08

こだわりはある意味必要
しかしこだわりが過ぎると
自分の生き方を窮屈にするよ
♭アル語録♭・・・2014.08.19

共に生き存る……
共生共存……
人と人
人と自然
人と動物
それと人と菌やウィルス
人間は大地球に生き存るすべての者達と
小地球である人間の自分達の内にいる者達と

これからを本当にどうあるかで
歩みが変わって来る世《よ》

♭アル語録♭・・・2014.08.28

物質の肉体を着ているあなたがたは
誰とでも仲良くなれるチャンスをもっているんだよ

♭アル語録♭・・・2014.09.02

「誰とも仲良くすることができる」
「誰をも愛することができる」
これは物質世界にいるあなたがたの特権だよ

♭アル語録♭・・・2014.09.24

太古の昔の生きとし生けるものは食される怖さをもっていた
現在は食する怖さを感じる時代だね

♭アル語録♭・・・2014.09.30

存在　ステージⅡ

あなたは親をどう想っている？
子供として親はどんな存在かな？
父と母という親の存在があって今のあなたが存在する
親って凄いよね

♭アル語録♭・・・2014.10.06

道伝えることが仮に短き時であっても
道伝えることで命落としたとしても
これ役割として本望と生きあれや

♭アル語録♭・・・2014.10.17

正の中にも邪があり
邪の中にも正がある
神々も人間も正邪どちらも併せもっている

その時その時の役割と立場のあらわれで
どちらかが色濃くあらわれるにすぎない
どちらの質もあなたがたがもっていることを忘れてはいけない

♭アル語録♭…2014.10.18

あなたがたは
神さまの立場からモノを見たことがあるかな？
地球の立場からモノを見たことがあるかな？
動物の立場からモノを見たことがあるかな？
植物の立場からモノを見たことがあるかな？
昆虫の立場からモノを見たことがあるかな？
菌やウィルスの立場からモノを見たことがあるかな？
本当の意味で相手の立場からモノを考えることができたなら
今とは違う人類の在り方と社会になるのではないのかな

♭アル語録♭…2014.10.25

世の中にいろいろなスポーツがあるよね
競技ごとに楽しみ方がある
スポーツを楽しむためには**ルール**というものが存在する
もし**ルール**がなかったら競技そのものは成り立たないね
ルールがあるからこそみんなで楽しめるといえないかな

♭アル語録♭…2014.11.02

よくわからないまま物事が知らず知らずに進んでいることがあるよね
わからないから仕方がないと想うか
知る努力をして流れを読んで進んでいくかでは
これからの在り方が変わってくるといえる

♭アル語録♭…2014.12.09

真実の中にある現実
現実の中にある真実
真実を中心に現実を見ていくのか
現実を中心に真実を見ていくのか

どのポジションから見るかで出てくる答えも違ってくる

♭アル語録♭…2014.12.16

あなたがたの脳で描いている世界を
現実世界と認識して生きている
生き方を変えるということは
脳に描いている世界を変えるということだよ

♭アル語録♭…2014.12.19

小さなズレをそのままにすれば
やがて大きなズレとなってくる
ズレが大きければすれ違うことも交わることもない
ガイア（地球）の意識から人がズレてくれば
人はガイアに留まるのが難しくなるかもしれない
ズレに気づき役割に生きられたらと願う

♭アル語録♭…2015.01.27

コミュニケーションはまるでキャッチボールみたいだね

キャッチボールは相手と息が合わないとうまくできないし
一方的に投げたりしたら成り立たない
コミュニケーションも同じように相手あってのもの
しかし現在はまるで相手がいないみたいなやりとりだね
自分しかいない独り言の世界みたいだね（笑）

♭アル語録♭…2015.02.09

局面に向かい合った時右往左往しないために
自然体であれたら良いね
自然体はどんな局面であっても対応していける姿でもある

♭アル語録♭…2015.02.19

間というものを見る時
菌・ウィルスの存在を忘れてはならない
その存在達が働きになくてはならないのは
水である

♭アル語録♭…2015.03.02

人間には長所も短所もあるように
人生にも良いと想うことも悪いと想うこともある
どちらもあるからこそ
人間としての味わい深さと人生の醍醐味があるではないかな

♭アル語録♭・・・2015.04.19

風自体を人は肉眼で捉えることができない
風が見えないからといって
風を体感しているから否定できないね
心も同じことがいえる
人間が見えているもの以外にも
人間に影響し存在しているものがこの世界はほとんどなんだよ

♭アル語録♭・・・2015.04.23

内側にあるものが
外側にあらわれるように

内側で想い描いていることが
外側の世界に反映していく
人間は外側から影響を受けているように見えても
実は内側から起きているものが外側に影響してるといえるよ

♭アル語録♭…2015.05.08

あなたの胸に
山々の声が届いているかな
海々の声が届いているかな
木々の声が届いているかな
動物達の声が届いているかな
昆虫達の声が届いているかな
声なき声に支えられて
生かされ生きていることを忘れてはならない

♭アル語録♭…2015.05.31

存在　ステージⅢ

表舞台が成り立つためには
裏方がしっかりしていないと成り立たない
何事にも裏方の仕事がいちばん大事だよ

♭アル語録♭…2015.06.21

いくら想っていても
言葉に出さなければ伝わらない
いくら想っていても
行動をしなければ具現化には近づかない
カタチにあらわさなければならないんだよ
あなたがたのいる物質世界は……

♭アル語録♭…2015.07.10

信仰と聞くと多くの人達は

宗教をイメージして
神や仏へと連想させているね
宗教・神・仏と信仰は
決してイコールではないよ
信仰ということを改めて考えてみてほしい

♭アル語録♭…2015.07.22

人間は地球に生きて
地球に生かされている
そんな当たり前と思っていることも
多くの人達は自覚できないでいるよ

♭アル語録♭…2015.08.08

人間は人生の意味とは何かと哲学する生き物といえる
哲学することで生きる意味や人生の意味を見出そうとする
しかし哲学してもなかなか真理に辿りつけない
人生を有り難く生きていくことができたなら
哲学などしなくても人生の意味の深さをわかり

真理を掴んでいけるよ

♭アル語録♭・・・2015.09.05

人の内には神性や仏性が宿っていると言われているね
されど神や仏の教えと言われているものに
どれだけの人達が沿って生きているのだろうね
ではなぜに人間は
神性や仏性がありながらその教えの如く生きられていないのだろう
神性や仏性とはなんだろうね
人は本当に神性や仏性の宿りに気づいているのだろうか？

♭アル語録♭・・・2015.09.19

あなたが気づいていることや認識していることを
他の人達が気づき認識できていないかもしれない
だからこそ今理解してもらえずにいても
伝えていくことによって
伝え聴いた人達にとって

のちのち導き示すものの一つになるだろう

♭アル語録♭…2015.10.28

人それぞれに自分の世界観をもって生きている
自分の世界の中でそれぞれの人生を演出している
そんな世界が重なり合い共有している世界があなたがたの世界であり
物質の世界でもある

♭アル語録♭…2015.11.02

あなたがたが真に腹の底から
喜び・怒り・哀しみ・楽しめたなら
人生において感情を深く育め
幸福であるだろう

♭アル語録♭…2015.11.14

腹の内《なか》に常にイチモツをもって相手に関わっていけば
当然相手と真に理解し合い仲良くなれることはできないよね

♭アル語録♭…2015.12.30

存在するということは役目があるということ
役目があるということはハタラキがあるということ
ハタラキがあるからこそ存在している

♭アル語録♭・・・2016.01.02

お互いの主張が重なり合うことを
人間はわかり合うと表現している
しかし実情は主張が重なるもののみを認めているのであって
相手の考え方や在り方をまるまる尊敬・肯定して受けとめているとは言い難い
ゆえに真にわかり合えていない
真にわかり合うとはなんだろうね？

♭アル語録♭・・・2016.01.28

第8章

ヤマトの精神

日本は世界のひな形であり、日本人は精神文明の担い手としてこれからの時代を切り拓いていくといわれています。大東亜戦争で敗戦国となった日本は、そのための価値観を根こそぎ奪われてしまいましたが、本来の働きをしていくために、ヤマトの精神復活を願います。

ヤマトの精神　ステージⅠ

人の行動行為は条件付きが多いかもしれないね
条件付きが過ぎると偽善と見られる
心の底から相手のためだけに行動行為ができたのなら
自らにとっても善いものとなるといえるね

♭アル語録♭…2014.03.04

自らの本心に生き在るは幸い
本心に向き合って進むは幸い
これからの時間は本心で真っ直ぐに歩むんだよ

♭アル語録♭…2014.03.11

人間は自由意志をもっている
しかし自らのために自由意志を活かしきれていない
自由意志……

自らに強烈なまでの信念と意志が必要とされる時代であり
本来望む生き方を自らの意志で生きているか問われているよ

♭アル語録♭…2014.05.09

気づいたらいつしか話がすり替わっている出来事があるよね
人を巧みに騙そうとする一つの方法がすり替えだよ
話の論点がズレず
自らもブレないでいないとね

♭アル語録♭…2014.05.16

覚悟を決めて動いていけば道は開ける
中途半端な想いや行動は道に近づくことすらできないよ

♭アル語録♭…2014.05.23

人は自分の大切なものを守るために戦うよね
自分と人間の尊厳のために……

♭アル語録♭…2014.06.08

地産地消は決して食べ物の事だけではないよ
生活する生業《なりわい》すべてのことを指すよ

♭アル語録♭…2014.06.08

あなたは先人や親からどんなバトンを渡され
子供や未来を担う人達に
どんなバトンを渡すのかな?
どんなバトンを渡すかはあなた次第である

♭アル語録♭…2014.06.28

他人がどうあなたを評価しようと
あなたがあなた自身をどう評価するのかが大切ではないのかな

♭アル語録♭…2014.07.17

人を憎むことをしてはいけないと言われ
憎んでいる相手を許すことはよく言われている
憎んでいる相手をまず許すより
憎しみの感情を認めて憎しみをもつ自分を許す方が

まずは先なのではないのだろうか……

♭アル語録♭…2014.07.25

飽くなき好奇心がある時
魂が躍動している時だよ

♭アル語録♭…2014.08.02

自らが設定してきた人生よ
だからこそ人生華なりき
我が人生悔いることなし

♭アル語録♭…2014.08.08

時に人間として声を上げなければならないことがある
声を上げるべき時に上げることができないのは
人間として悔いることがあるからかもしれない
大事な時に声を上げられる人であれると良いね

♭アル語録♭…2014.08.10

蒼き熱い魂を燃やせ！
今この瞬間

生命《いのち》を悔いなく燃やすんだ！
人間として……
人間らしく……

♭アル語録♭…2014.09.06

食についてもっと人類は想いを馳せる必要があるのではないのかな
食することで我が命を繋ぐ
我が命を繋ぐということは他者の命を奪うということ
そんな命を食していることを少しも忘れてはいけないよ

♭アル語録♭…2014.09.20

親の心子知らず……
子供は自分らしく親とは違う人生を生きる
違う生き方の中に親に沿えないこともたくさんあるね
それでも親はいくつになっても子供の心配をする
親神もあなたがた人類を近い想いで見守り続けているよ

♭アル語録♭…2014.09.27

ヤマトの精神　ステージⅡ

先に道歩んだからこそわかることがある
だからこそあとに続く人々に伝えられることがある

♭アル語録♭…2014.10.28

ヤマト（日本）に住みし龍の魂をもつ人達よ
目覚め立ち上がられよ
世界に散りし龍の魂をもつ人達よ
ヤマト（日本）に集い来たれよ
時・刻《とき》到れり

♭アル語録♭…2014.11.01

いつも当たり前にあるものに
人間は感謝が薄くなる
当たり前なんてないよ

そんな時ほど深い感謝を☆

♭アル語録♭・・・2014.11.04

肚で話し
肚で聴き
肚で読み
肚に収め
肚で受け留める

♭アル語録♭・・・2014.12.02

日本人はかつてより**型**《かた》を重んじてきた
型をしっかり身に付けていきながら
型の中に**想い**・**意識**を練り込みながら
精神へと育まれてくる
精神的なものを育むならば
型から身に付けると良いといえるね

♭アル語録♭・・・2014.12.06

野に咲く花を見て

綺麗だなぁと想える人の感情は素晴らしい

♭アル語録♭…2014.12.11

何気なく言った言葉が
相手にどう伝わっていくのか
個なる自分が強くなっている今
あなたが考えているよりも
違って伝わることが多いと想うよ
別の相手が関わればまた変わってくるといえるよね

♭アル語録♭…2014.12.13

自分は何も考えていなくても
周りは自分のこと以上に
自分のことを考えてくれて行動してくれていることがあるよね
だからこそ周りに感謝しつつ
自分も周りを考えて行動できたら良いよね

♭アル語録♭…2014.12.29

花のように人も美しく香る生き方ができたら良いよね

♭アル語録♭…2015.01.22

日本に生まれ合わせた奇跡
ヤマトの精神と
日本人の誇りをもって
生きられよ

♭アル語録♭…2015.01.24

桜はヤマト心をあらわしている
桜花は短くとも鮮やかに咲き誇り
潔いほど桜花は散り舞っている
ヤマトの精神は貴く美しい

♭アル語録♭…2015.02.01

真に感謝とお詫びができたなら
その人はひとまわり大きな成長をしていくだろう

♭アル語録♭…2015.02.25

我《われ》光の大道の真中貫き伝え進み
多くの人々いざない導き歩まん

♭アル語録♭…2015.02.27

日本人が日本の文化を誇り語ることができないのは
日本人として実に悲しいことだよね
自分が住んでいる地域を愛せず
地域の良さを誇れず語れないのも寂しいよね

♭アル語録♭…2015.03.19

自己・自分の世界の主張が強くなっている
だからこそ他者との共通認識がなければ多くの歪みを生む
和するを理解しているヤマト人の認識がこれからの鍵を握っている

♭アル語録♭…2015.03.20

人生には出会いと別れが必ずある
だからこそ出会い別れることは人間にとってなくてはならないもの
そんな出会いと別れを大切にできる人間であってほしいよ
深い想いであれる人であってほしいと願う

♭アル語録♭…2015.03.21

我が人生の中に

共に喜び
共に怒り
共に哀しみ
共に楽しく
できる人達がいるなら
このうえない幸せな人生だ

♭アル語録♭…2015.04.19

相手の話をきちんと聴けない人は
相手に伝わりわかるように話すことが
なかなかできないのではないかな
話を聴くことも話すことも
相手に対する想いやりが大切だよ

♭アル語録♭…2015.04.27

ヤマトの精神　ステージⅢ

愛深く優しさある行動って
どんな行動なんだろうね
人は底知れぬ優しさに触れた時
震えるほどの感動の中に
涙するだろう

♭アル語録♭・・・2015.08.14

自分の心や本音がわからない人達が
とても多いんじゃないのかな
せめて自分には正直でありたいよね
自分に正直じゃない人は
きっと他人にも見透かされるよ

♭アル語録♭・・・2015.09.11

強い力で押せば
それ以上の力で押し返そうとする
強い力で引っ張ろうとすれば
それ以上の力で引っ張り返そうとする
力は力で対抗しようと人間はする
その点に自覚がないと力の対抗にあえて合わせてしまうのではないか？
力で返すしかないと想うのかな

♭アル語録♭…2015.09.12

あなたが情熱をもって熱く生きられることがあるならば
魂が光り輝きあなたの人生を照らし導くだろう

♭アル語録♭…2015.10.04

耳と目は二つあるね
よく聴いてよく見ていくことが大切
聴く・見るは身体があらわすように
二つなければならないほど
人間にとって重要といえる

ちゃんと見聴きできる人であれるかな？

♭アル語録♭…2015.10.06

難解な話を難しく話すことは誰でもできる
されど難解な話を平易に話すことはなかなかできるものではないね
平易に話せるということはそれらの内容をしっかり理解していないと話せない
このことは以前も伝えていたと想うが
これからの時代はより必要な意味をもっていることと伝え置くよ

♭アル語録♭…2015.10.07

人は内に強い感動を秘めると
感動を伝えたいと外に向けて発する
感動は人にとって自らを変えるほどの
とてつもない力をもっているよ

♭アル語録♭…2015.10.10

自分の世界が強く主張される時代だからこそ
周りの他者に対する深い優しさと想いやりがなければならないよ

報恩感謝という言葉があるね
かつての日本人はこの言葉を大事にして
実践してきたんだよ

♭アル語録♭…2015.12.18

古来からの日本人は胴長短足と言われているね
あなたがたはそれはなぜかと考えたことがあるかな?
足が短いということは下丹田が大地・地球に近いわけだね
下丹田が地球に近いということは
地球からの恵みのエネルギーをより強く受けることができるんだよ

♭アル語録♭…2015.12.22

肚に
氣を沈め
意識を静めて

♭アル語録♭…2015.12.23

物事にあたられよ

♭アル語録♭…2016.01.18

肚を失ってしまったようなヤマト人達よ
肚を取り戻し
肚に立ち還れよ

♭アル語録♭…2016.01.22

第9章

覚醒

覚醒というと、多くの人達は特別なことだと思っているでしょう。しかし大きな流れは、平凡なる人達が覚醒し、覚醒が特別なものではないという時代に入ります。個から全体の覚醒につながり、新たなる次元へのスタートの幕を開けるのです。

覚醒　ステージⅠ

たとえそこが茨の道であっても
自分の本心を信じ従って真っ直ぐに進んでいくんだよ

♭アル語録♭…2014.02.10

伝え手の想いで聴き手の受け留め方が変わる
聴き手の想いで伝え手の話が変わる
伝える側と聴く側の在り方の相互関係で話の高まりがあるよ

♭アル語録♭…2014.03.26

水面下で進みゆく出来事が表に現れてきているよ

♭アル語録♭…2014.05.03

自分が認識している常識を絶対のものと人は捉えやすい
しかし真実は常識と捉えていたことを覆す

広い見方をしていくんだよ

♭アル語録♭・・・2014.05.28

今目覚めの時
生きている実感がなくば
今を目覚めることはできない
今を目覚めることができなければ
次なるステップの世界への目覚めは難しいよ

♭アル語録♭・・・2014.06.02

いつも伝えているけど
問題が起きて解決が難しいと感じた時
シンプルに考えていくんだよ
シンプルに情報を整理して見ていくんだよ
自分から複雑にしてはますます問題解決から遠のいてしまうね

♭アル語録♭・・・2014.07.14

時に他者と争うことで学ぶことがある

そう……争わなければ決してわからないことがあるよ　♭アル語録♭・・・2014.07.15

仮面をかぶった人間関係が意外に多くはないかね
仮面をかぶった関係性は表面的な付き合いなら良いのかもしれない
表面的な付き合いは関係性を保つことはできても発展性はないかもしれないね
仮面を外し壊さないと真の人間関係は産み出せないかもしれない……
♭アル語録♭・・・2014.07.26

思いついた行動を流れに任せた行動という人達もいるかもしれない
思いついた行動は流れに任せた行動とは違う
流れには前々からのサインともいえる事象が起きており
流れに乗っていくタイミングが知らされている
起きてきたタイミングに自分なりの気づきと努力をすることで
天はスムーズに流れに乗せてくれる
ここを人間が理解できたなら
自分にとっての良き流れに常に乗っていける
♭アル語録♭・・・2014.08.03

人によってそれぞれ違いはあるが
人間は良きにつけ悪しきにつけ
ある特定のパターンをもち生きている
パターンを知るというのは
自分を識るのにとても大切なキーワードでもある
自分のパターンを少しずつ認識すると良いね

♭アル語録♭…2014.08.11

「他力……」
この言葉に抵抗感のある人がいるかもしれない
他力は弱くて依存のように一見見える
あなたはそう想うかね？
本当の他力はすべてを委ね信じ切り
結果がどうであろうと結果を導きとして捉え従っていくんだよ
他力は信じ切ることに徹するから
真に勇気のない人達には実践は難しいかもしれないね
生かされていると本当の意味で気づいた時

他力の奥深さがわかってくるかもしれないよ

♭アル語録♭…2014.08.13

あなたがたが禅宗と呼んでいる教えの中に**不立文字**があるよね
我らもあなたに言葉のみでしか伝えてきていないように
言葉だけでは真意を伝えきるのは難しい
言葉の奥にある真意を汲み取り深く察しゆくことが肝要といえる

♭アル語録♭…2014.08.17

その現地・現場に行かなければ
わからないことがたくさんある
現地・現場に立って直にエネルギーを感じる必要がある
本当のことがわかりたければ
まずは現地・現場に行ってみることが良いよ

♭アル語録♭…2014.08.28

偽物を見抜くには
本物をたくさん見ていく必要がある

偽物をいくらたくさん眺めていても
本物を見る目は養われない

♭アル語録♭・・・2014.08.29

あなたがいくら認識を歪め捉えたとしても
真実は変わることはない
だから真実を知らせたくない者達は
真実の周りに歪めたものをコーティングしていく
真実が覆われさらに歪んだ認識を生む
されど真実は眩い光の如く
コーティングを突き抜けて光輝いて人々に伝えんと動くよ

♭アル語録♭・・・2014.09.03

小さな風が大きな風になり
大きな風がやがて嵐となり
嵐がさらに大嵐となる
たったひとりの力が仮に小さくとも

それはやがてたくさんの人達に広がり大きな力となっていく
その一人があなたでもあるんだ

♭アル語録♭・・・2014.09.17

覚醒　ステージⅡ

あるパターンにハマった時に
「同じ失敗をする」のと「同じような失敗をする」のは大きな差がある
同じ失敗をするということは
人として反省が足りないのかもしれないね

♭アル語録♭…2014.10.08

一機一縁
機縁の法則
どんなタイミングで出会い
どのタイミングで行動するのか
タイミングに縛られてもいけないが
タイミングは物事を成すにはとても大切だよ

♭アル語録♭…2014.10.15

「目くそ鼻くそを笑う」
客観的に見たら同じくそに見えるけど
その立場になればとてつもない違いを感じるんだよね
お互いを笑える立場じゃないんだけど

♭アル語録♭…2014.11.08

メグリ（輪廻・カルマ）を外し
メグリを取るために
身の上にさまざま起きるんだよ
これから先に進んで行くために必要なことなんだよ

♭アル語録♭…2014.11.28

中にいると気づかないことがたくさんあるよね
外に出てみると多くのことに気づいてくる
勇気を出して一歩外に歩み出てみてごらん

♭アル語録♭…2014.12.01

どの観点に立って捉えているか
どの視点から見ているのか

観点と視点の違いで
自分のいる世界がまったく変わるよ

♭アル語録♭・・・2014.12.09

肚を鍛えられよ
肚とは下丹田を指している
下丹田は腹脳でもあり
腹脳が定まれば頭脳も定まり
地球とも一致してくるよ

♭アル語録♭…2015.01.13

未来を不安にかられ心配するよりも
今この瞬間に心配ることの方が大事ではないのかな

♭アル語録♭・・・2015.02.15

迷いはさらなる迷いを生む
恐れはさらなる恐れを生む
迷いや恐れが生じた時
考えを巡らせるより先に

一つでも一歩でも前向きに行動できたら良いね

♭アル語録♭・・・2015.03.10

見えているものがすべてではない
聴こえているものがすべてではない
感じているものがすべてではない
あなたがたがわかっていると想っているのは
ほんの一部に過ぎない

♭アル語録♭・・・2015.03.30

見えない奥の想いを察し視《み》られる**心の目**を養っていけると良いね

♭アル語録♭・・・2015.04.09

人間が識らないことを識ることができたなら
物事の判断基準になる**観点**が変わり
物事の捉え方である**認識**が変わり
物事を織り成す**行動**が変わってくる

♭アル語録♭・・・2015.04.20

歪んだ捉え方が
歪んだ認識を起こし
歪んだ行動となってくる
これが周りを振り回すものとなり
相手や周りとのズレを生んでくる

♭アル語録♭…2015.05.14

覚醒　ステージⅢ

自由に羽ばたき空を翔べる翼があるトリ達が
永きにわたり押し込められたカゴより翔び出でて
世の中に旋風を巻き起こしてあらわれ出でる
旋風は嵐と成りて
さらなる強さを増して天地人の中を
駆け巡り翔び立つ世《よ》

問題解決や大事なことを判断していく場合
算数的・数学的捉え方をしていくと
答えがシンプルに出せる
例えば多くの人達は足し算思考の判断が中心となっていて
結果どう処理して良いかわからなくなっている

♭アル語録♭・・・2015.06.11

特に時代はあなたがたにとって
足すより引いていく引き算思考を求めている

♭アル語録♭…2015.07.02

人は何かを信じて生きている
信じるものがあるからこそ
生きていく希望がもてるともいえる
だからこそ何を信じるかで
生き方は変わってくるよ

♭アル語録♭…2015.08.01

何気ないことに気づく人もいれば
まったく認識なく気づかない人もいる
ちょっとの違いは
かなりの差の開きを生み
現実となって人生に反映されてくる
小さな何気ないことに気づけているかな？

♭アル語録♭…2015.09.02

お互い違った認識をもっていたら
当然すれ違ったことが起きてくる
それは一つの道理
すれ違いが多い昨今の世の中
どうしたら共通の認識をもてるのだろうね
それともすれ違いは認識だけが問題ではないのかね
あなたはどう想う?

♭アル語録♭…2015.10.19

今まで見えないが故に
時代によって理解されず
さまざまな否定的な批判・誹謗を受けてきたことも
時代と共に科学的発見がなされ
見えるものとして認識されてきている
見えない世界は見える世界でもあるんだよ

♭アル語録♭…2015.10.27

今今神なる世界も人なる世界も

帰一に到る動きありて
神政政治あらわさんと
光は東方より出ずるよ
今今復活せし動きと
太神・大神・親神のカミハタラキ
ヒノモトツクニアラワレアリ

♭アル語録♭…2015.10.28

誰かに問い続けてそこから答えを得ようとしているうちは
自分が本当に識るべき答えを得られず
答えは遠のいていく

♭アル語録♭…2015.11.03

未来のあなたが
もし今のあなたを見た時
どのように想い
どのように感じているのかな
未来からの声が聴こえてこないかね？

♭アル語録♭…2015.11.20

あなたがたは見えているものに対して
どれだけの配慮・気遣いがあるかな？
見えないものに対してはどうだね？
見えていないから配慮・気遣いがなくて良いわけではないよ

♭アル語録♭…2015.12.17

自分の幸せを考えることはとても大切なことだよ
より自分の幸せを形にしようとした時
自分だけの幸せを求めても
真に自分が幸せになれないことに気づく

♭アル語録♭…2015.12.30

自分が行っている思考や行動を
客観的にきちんと見られているかな
自分の常に揺れ動く心の動きを
客観的に見られているかな
すべてはまず自らを識ることから始まる

♭アル語録♭…2016.01.06

第10章

ノンデュアリティ（非二元）

個の自由が強調されながらも、全体統合といえる現実、本質、真理が一つになる動きが始まります。非二元の在り方は一時的に混乱・困惑をもたらすかもしれませんが、実は宗教もスピリチュアルも、真理を究めるとノンデュアリティであると気づくでしょう。

ノンデュアリティ　ステージⅠ

すべては光＝情報の精微なまでの組み合わせで存在している
光＝情報の組み合わせがほどけながらたえず組み換えられている
その組み換えのほどきが激しくなっているのが現在であり
組み換えによっていろいろな事象が起きているんだよ　♭アル語録♭…2014.02.20

もっと多くの人達が見えない世界からの声に耳を傾けられたなら
いろいろなことが今よりもっと違う在り方になっているはずだよ
♭アル語録♭…2014.03.19

昔から現実とは何かが議論されているね
現実は人それぞれ違う
現実は脳で作り出し

お互いの認識する現実が重なり合って形成されている
同じだと感じていた現実がますます変わってくる時に入ってきたよ

♭アル語録♭…2014.04.04

すべては動いている
すべてはどんどん移り変わっている
神の世界も霊的な世界も変わってきている
同じものは何一つないんだよ

♭アル語録♭…2014.05.17

今だけを見たら不平等なことがたくさんある
永い生まれ変わりの魂の旅から見たら
すべては平等といえるね

♭アル語録♭…2014.05.24

一つの出来事は複数の事柄が絡んで起きてくる
一見関係のないように思える出来事も
実は根っこのところで繋がっている

♭アル語録♭…2014.05.28

絶え間なく移（写）り変わっていく世《よ》
移（映）り変わる流れをつかまれ世《よ》

♭アル語録♭…2014.06.17

自分という人間を信じきれるならば
望むすべてを可能にできるかもしれない

♭アル語録♭…2014.07.11

心はいつも移り変わり揺れ動く
鏡に映《うつ》るが如く絶えず映り変わる
心が客観的に理解できるのであれば
安心・安定をもって生きられるね

♭アル語録♭…2014.07.19

音と音が重なり合って一つのメロディーを奏でるように
色と色を混ぜ合わせてアートという作品を生みだし
人と人が相合わさりながら人生のストーリーをつくりだす
あなたはあなた自身をどんなふうにあらわしていきたいかを考えて
自由自在にあらわしていくんだよ

♭アル語録♭…2014.08.18

自然体という言葉があるけど
自然な状態というのがまずわからないと
自然体にはなれないね
自然な状態がわからないくらい
あなた達は不自然な状態で生きているんだよ

♭アル語録♭・・・2014.08.20

囚われているうちは
真実は見えてこないし
流れに乗ることもできない
人間は自分の安心感を得るために
自分だけに通ずる決めつけをしたがる
決めつけはやがて囚われを生みだし
自分から真実より遠ざかっていく
まずは決めつけはやめて
自分の囚われの認識をしていくことだね

♭アル語録♭・・・2014.08.29

すべては振幅・振動によって成り立っている
すべては移りゆき動いている

♭アル語録♭…2014.09.06

あなたがたが現実と呼んでいる世界を
あなたは本当にリアルに生きているかな？
生きている実感をどのように感じている？
生きるとは何か
現実とは何か
熱く生きようとしてごらん
我らの言わんとすることがわかってくるから

♭アル語録♭…2014.09.20

ノンデュアリティ　ステージⅡ

どこの立ち位置から出発したかで流れは違うものとなる
意識・意義・理念はとても大切になるよ

♭アル語録♭…2014.10.03

人間は「神」という言葉を聞くと
自分とはかけ離れた存在をイメージし分離したものを感じている
しかし神はかけ離れた存在ではなく究極のありし姿は
神は**人**であって
ヒトは**カミ**でもあるんだよ

♭アル語録♭…2014.10.16

うまくなりたいという先に
強くなりたいという先に
良くなりたいという先に

あるものとは何か
欲として喩えるなら
それらの願いが大欲であればあるほど
それらの願いは無欲といえる
無欲は叶えたい願いの先にあるもので
無欲に到達すると願いでさえも
囚われることも執着することもないのだろうね

♭アル語録♭…2014.10.24

誰かが答えを出すのではない
あなた自身が答えを出すんだ！
なぜならあなたの答えはあなた自身の内《なか》にしかないからだよ

♭アル語録♭…2014.10.30

世の中にあるものや出来事一切は良いも悪いもなく
すべては親神が産ましめたものである

♭アル語録♭…2014.11.20

すべてオールＯＫ！
万事がパーフェクト（完璧）！

♭アル語録♭…2014.12.13

あなたの認識はどんな概念によって生まれているのか
どんな認識をもっているかで今の生き方に反映される
認識について考えていくと良いよ

♭アル語録♭…2014.12.23

すべてのものはハジメから存在している
ハジメに存在するものが紐解かれて
新しい発見としてあなたがたの目の前にあらわれてくる

♭アル語録♭…2015.01.12

一即多
多即一
宇宙の広がりはあなたであって
あなたの内側は宇宙で満たされている

♭アル語録♭…2015.01.22

真理の海の中にいながら
「真理はどこ？」と多くの人達は言いながら
真理の海をさまよい歩いている
真理の海の中にいることに気づかないとね

♭アル語録♭・・・2015.01.31

あなたがたが「見える」と認識している世界は
脳が五感覚で感じている世界に過ぎない
「見える」世界は**見えない**世界の一部であって
あなたがたが認識できない世界を**見えない**と言っているだけなんだよ

♭アル語録♭・・・2015.02.06

信じていることと事実は違う
ここの区別ができていない人達が多いのではないかね

♭アル語録♭・・・2015.02.21

今をどうして良いかを迷っている人達の大半は
自己もしくは**自己**を識って認めていない

それらの苦しみの多くをもし回避したいのであるならば
まずは**自己**の在り方のすべてを認める必要があるよ

♭アル語録♭…2015.03.14

立場が変われば見方が変わる
見方が変われば考え方が変わる
考え方が変われば認識が変わる
よくよく見ていくと何を基準にしているかでずいぶん変わるね

♭アル語録♭…2015.04.04

見えない世界について
見えないからわからないから知らない関係ないとはいえない時代でもあるよ
見えないものにこそ真実があり
真実は見えない形であなたがたの中に存在している

♭アル語録♭…2015.05.10

ノンデュアリティ　ステージⅢ

砂一粒は宇宙の縮図
宇宙の縮図にはたくさんの情報が刻まれている
砂一粒一粒は輝く煌めきの繊細さがあり
砂がたくさん集まって風に乗り砂嵐になれば
多くのものを飲み込んでいく
砂を袋にたくさん入れれば入れるほど
質量と重量がハッキリあらわれて
砂とは思えなくなる
そう……一粒の砂を目に見えない源元子ともいえる情報と見るなら
あなたがた人間は
源元子の情報をたくさん持ち合わせている
今の時代を砂で語るなら

砂が新しい組み換えを起こし
たくさんの新しい砂が入り始めている

♭アル語録♭…2015.06.05

すべての世界は
シンプルな法則が織り重なり
一つの大きな仕組みとして成り立っている

♭アル語録♭…2015.06.26

ある意味あなたのつくりあげている世界は
あなたの脳でつくりあげているといえる
あなたが認識しない限りあなたの世界にはないものを
他者のつくりあげている世界には存在する
他者と世界が共有できない部分も実はあるもののないものの認識といえるよ

♭アル語録♭…2015.07.03

多くの人達は肉体的・精神的苦しみが取り除けない限り
真に深く気づくことはなかなかできないかもしれないね

なぜなら多くの人達は見える世界・物質の世界に囚われている
だから理想と現実が生まれてくる

♭アル語録♭…2015.07.08

あなたがたは**時**をどのように考えている？
きっと大多数の人達は時計から時を認識しているのではないのかな
時は本来計測するものでなく感じるものであって
時は自分の存在を感じ
自分の内にあるものなんだよ

♭アル語録♭…2015.09.21

膨大かつ極微の振幅する情報というべきものから成り立つ素材の大元を
人は**根源**・**神**と呼んでいる

♭アル語録♭…2015.10.22

人間は見たものに惑わされ
言葉によって惑わされ
思い込みに惑わされていく
世の中惑わされるものでいっぱい

自分だと信じているものはなんだろうね？

♭アル語録♭・・・2015.11.04

周りがいくら変わっても
あなたが変わらなければ
根本的には何も変わらないよ

♭アル語録♭・・・2015.12.10

あなたがたが認識・創造するすべてのものは
サムシンググレートの一部であり
サムシンググレートそのものなんだよ

♭アル語録♭・・・2015.12.11

あなたが織り成す現実は
あなたがつくりだす世界であり
あなたのつくりだす世界は
あなた次第の現実に成る

♭アル語録♭・・・2016.01.03

Landscape of KUSHIRO 3.

Marshland Sanctuary ～湿原の聖域

Ⓒ安藤 誠　http://hickorywind.jp/

釧路湿原の中に一本生えている木。

この場所は、6月から8月にかけて川が増水する時期にならないと行けない場所ですが、地図を立体的に見られる安藤さんしか行くことができない、貴重な場所になります。

滅多に人が立ち入ることができない湿原の聖域と、そこに一本だけ佇む木は、人の感情を解放させる力をもっています。

また、ツアーでガイドいただいた場所には、樹齢千年以上の巨木もあり、道東以外では味わえない、秘められたスポットがいくつもあります。

釧路の魅力と秘めた力はみなさまにどう届きましたか？「Marshland Sanctuary ～湿原の聖域」のように、アル語録を最後まで触れてみなさまがさまざまな意味で解放され、宇宙・地球・自然の中で、今この瞬間を生き尽せたらと祈ります。

あとがき

『アル語録』をお読みくださり、ありがとうございます。

お読みくださったみなさま一人一人に、きっと深いメッセージとエネルギーが届いているこ
とでしょう。

人間のような言葉ではないアル達の響き＝波動《バイブレーション》をいかに伝えていくかを考えた時、本と
いう形は一つの在り方としてとてもありがたいものです。

出版にあたっては、ナチュラルスピリットの今井宏紀社長の存在なくしてはあり得ません。

本当に感謝しております。

スターピープル誌でのご縁から始まった編集の村山久美子さんに感謝しております。

この本を出版するきっかけをつくってくださった山水治夫先生に感謝しております。

快く写真提供をしてくださった安藤誠さんに感謝しております。

いつも私の思いに応えようと動いてくれた「アル達からの伝言プロジェクト」のミナエさん

に感謝です。

釧路で山水治夫先生とのご縁をつなげ、コラボへと結んでくれたミカさんに感謝です。

そして、いつも私を温かく応援してくださる釧路の会員のみなさま、各北海道内のみなさま、各地域のみなさま、この場をお借りして感謝申し上げます。

また、目には見えていないさまざまな存在のみなさま、いつも陰ながらのお力添え、感謝しております。

ただ今がある……。

存りて在るもの……。

私の中で分離のように感じていたアル達は、決して分離ではなく、源《ソース》全体そのものであり、私もみなさんも全体そのもの。

全体に溶けいく流れに今ある……。

そんなアル達に、響きに感謝!!

世界三大夕日広がる北海道釧路より

原野　優

著者プロフィール

原野 優　Masaru Harano

千葉県出身、釧路市在住。

釧路市を中心に「宇宙の法則」について、北海道内（札幌、帯広、阿寒湖で月１回）でセミナーやお話会、個別相談、ヒーリングを開催。

現在、活躍の場が日本全国に広がっている。

「アル達からの伝言」公式サイト
https://torawareguide.amebaownd.com/

アル語録

～宇宙存在からのメッセージ～

●

2016年10月25日　初版発行

著者／原野 優

編集／村山久美子
本文デザイン・DTP／山中 央

発行者／今井宏紀

発行所／株式会社ナチュラルスピリット

〒107-0062 東京都港区南青山5-1-10 南青山第一マンションズ602
TEL 03-6450-5938　FAX 03-6450-5978
E-mail　info@naturalspirit.co.jp
ホームページ　http://www.naturalspirit.co.jp/

印刷所／モリモト印刷株式会社

ISBN978-4-86451-221-3　C0010

●新しい時代の意識をひらく、ナチュラルスピリットの本

倍音の真実 アドヴァイタ・ハーモニクス	山水治夫 著	「倍音を理解すると、人生、悟り、非二元、宇宙、愛、すべてに通じていきます」ピアノ調律師であり、音楽家であり、スピリチュアルに精通する著者だからこそ伝えられる倍音の真実。 定価 本体一〇〇〇円+税
神秘主義 超越的世界へ到る途	イーヴリン・アンダーヒル 著 門脇由紀子 他 訳	イーヴリン・アンダーヒルの名著が待望の復刊！ 人間の生を表現するもう一つの見えない世界とは？ キリスト教、イスラム教神秘主義を中心に、神秘主義を歴史的、総合的に解説。 定価 本体四〇〇〇円+税
古事記を奏でるCDブック 上巻／中巻	神武夏子 著／作曲 ピアノ演奏／語り／歌	日本人の心のふるさとをピアノとフルートと語り・歌であじわう。本文は『古事記』の物語と著者によるコメントで構成されています。語りとオリジナル曲を収録したCD付。 定価 本体［上巻一七〇〇円／中巻 二〇〇〇円］+税
自分を愛せなくなってしまった人へ 自らに光をともす29の方法	ティール・スワン 著 奥野節子 訳	想像を超えた絶望、苦しみ、自殺願望の中、少しずつ自らを癒し、自分を愛せるようになったプロセス、自己嫌悪を光に反転させた勇敢なストーリーと確実に人生を変える29のテクニック。 定価 本体三二〇〇円+税
人類の保護者 UFO遭遇体験の深奥に潜むもの	ドロレス・キャノン 著 誉田光一 訳	催眠療法士である著者が、ETおよびUFOとの遭遇体験者に退行催眠を施し、明らかにした驚くべき調査記録。待望の邦訳版。 定価 本体三八〇〇円+税
1000年先の地球のために 「滅びの道」から「永久の道」へ	池田整治＋宗庵（対談）	元自衛隊陸将補と難病から奇跡的に回復したヒーラーによる対談集。「真実の語り部」が今、日本で起きている真実を伝え、日本人としてどう生きるかを問う一冊。 定価 本体一五〇〇円+税
オルハイ・ヒーリング	サヤーダ 著 采尾英理 訳	アメリカ先住民・チェロキー族の血を引く、現代のサイキック・シャーマンによる、東方カウンシルのスピリチュアルガイドから伝授されたヒーリングの知識とテクニック。 定価 本体一四〇〇円+税

お近くの書店、インターネット書店、および小社でお求めになれます。